EIN PSALM DAVIDS.
MIR WIRD NICHTS MANGELN. ER WEIDET MICH
AUF EINER GRÜNEN AUE UND FÜHRET MICH
ZUM FRISCHEN WASSER. ER ERQUICKET MEINE
SEELE. ER FÜHRET MICH AUF RECHTER STRASSE
UM SEINES NAMENS WILLEN. UND OB ICH SCHON
WANDERTE IM FINSTERN TAL, FÜRCHTE ICH
KEIN UNGLÜCK; DENN DU BIST BEI MIR, DEIN
STECKEN UND STAB TRÖSTEN MICH. DU BE-
REITEST VOR MIR EINEN TISCH IM ANGESICHT
MEINER FEINDE. DU SALBEST MEIN HAUPT MIT
ÖL UND SCHENKEST MIR VOLL EIN. GUTES UND
BARMHERZIGKEIT WERDEN MIR FOLGEN MEIN
LEBEN LANG, UND ICH WERDE BLEIBEN IM
HAUSE DES HERRN IMMERDAR.

Psalm 23

SCM

Stiftung Christliche Medien

© 2013 SCM R.Brockhaus im SCM-Verlag GmbH & Co. KG
Bodenborn 43 · 58452 Witten
Internet: www.scm-brockhaus.de; E-Mail: info@scm-brockhaus.de

Die Bibeltexte sind, soweit nicht anders angegeben, folgender Ausgabe entnommen: Lutherbibel, revidierter Text 1984, durchgesehene Ausgabe in neuer Rechtschreibung, © 1999 Deutsche Bibelgesellschaft, Stuttgart.

Weiter wurde verwendet: Basisbibel, Neues Testament und Psalmen, © 2012 Deutsche Bibelgesellschaft, Stuttgart

Gesamtgestaltung: Yellow Tree - Agentur für Design und Kommunikation, www.yellowtree.de
Druck und Bindung: Finidr s.r.o.
Gedruckt in Tschechien
ISBN 978-3-417-26524-8
Bestell-Nr. 226.524

SCHÄTZE DER BIBEL

JOHANNES FRIEDRICH

DAS LIED VOM GUTEN HIRTEN

SCM R.Brockhaus

PSALM 23

Übersetzung von Martin Luther

1 **Der Herr ist mein Hirte,**
  mir wird nichts mangeln.
2 **Er weidet mich auf einer grünen**
  Aue und führet mich zum frischen Wasser.
3 **Er erquicket meine Seele. Er führet mich**
  auf rechter Straße um seines Namens willen.
4 **Und ob ich schon wanderte im finstern Tal,**
  fürchte ich kein Unglück;
  denn du bist bei mir, dein Stecken
  und Stab trösten mich.
5 **Du bereitest vor mir einen Tisch**
  im Angesicht meiner Feinde.
  Du salbest mein Haupt mit Öl
  und schenkest mir voll ein.
6 **Gutes und Barmherzigkeit werden**
  mir folgen mein Leben lang,
  und ich werde bleiben im Hause
  des Herrn immerdar.

DER HERR IST MEIN HIRTE

Übersetzung BasisBibel

¹ Ein Psalm, mit David verbunden.
Der Herr ist mein Hirte.
Mir fehlt es an nichts.
² Die Weiden sind saftig grün.
Hier lässt er mich ruhig lagern.
Er leitet mich zu kühlen Wasserstellen.
³ Dort erfrischt er meine Seele.
Er führt mich gerecht durchs Leben.
Dafür steht er mit seinem Namen ein.
⁴ Und muss ich durch ein finsteres Tal,
fürchte ich keine Gefahr.
Denn du bist an meiner Seite!
Dein Stock und dein Stab
schützen und trösten mich.
⁵ Du deckst für mich einen Tisch
vor den Augen meiner Feinde.
Du salbst mein Haar mit duftendem Öl
und füllst mir den Becher bis zum Rand.
⁶ Nichts als Liebe und Güte begleiten mich
alle Tage meines Lebens.
Mein Platz ist im Haus des Herrn.
Dorthin werde ich zurückkehren –
mein ganzes Leben lang!

ZU BEGINN

Psalm 23 ist wohl der bekannteste Psalm überhaupt. In den Gemeinden, in denen ich Dienst tat, konnten ihn die meisten Menschen auswendig. Bei vielen Gelegenheiten wurde er gebetet, sei es bei Taufen, Trauungen, runden Geburtstagen oder Beerdigungen. Er passt in gewisser Weise zu jeder Lebenssituation. Auf ihn trifft auch in besonderer Weise zu, was Martin Luther für die Psalmen generell sagte: „Wer die ganze Bibel nicht lesen könnte, hätte in den Psalmen fast die ganze Summa, verfasset in ein klein Büchlein."

Psalm 23 ist mein Lieblingspsalm. Ich habe in meinem Leben viel mit ihm erlebt und wüsste nicht, was ich ohne ihn machen sollte. Er ist ein Ausdruck meines Glaubens und meines tiefen Vertrauens zu Gott. Durch alle Zeiten hindurch ist er ein bekannter und bewährter Begleiter – nicht nur für mich, sondern für ganz viele Menschen. Heute noch gehört er zu den Grundtexten unseres kirchlichen Lebens, und er ist einer der wenigen Texte, die die Schülerinnen und Schüler im evangelischen Religionsunterricht laut Lehrplan (jedenfalls in Bayern) noch auswendig lernen müssen. Auch im

> **PSALM 23 IST MEIN LIEBLINGSPSALM. ER IST EIN AUSDRUCK MEINES GLAUBENS UND MEINES TIEFEN VERTRAUENS ZU GOTT.**

Konfirmandenunterricht gibt es kaum einen Kollegen und kaum eine Kollegin, der bzw. die ihn nicht auswendig lernen lässt – selbst dann, wenn man sonst das Auswendiglernen für unnötig oder gar abzulehnen hält.

Schon früher, bereits zur Zeit der Reformation, gehörte der 23. Psalm zu den geläufigen und wichtigen Texten. Martin Luther beschrieb ihn folgendermaßen:

Der 23. Psalm ist ein Dankpsalm, darin ein christliches Herz Gott lobet und dankt, dass er es ehret und auf rechtem Weg erhält und es in aller Not durch sein heiliges Wort tröstet und schützt. Es vergleicht sich einem Schaf, das ein treuer Hirte in frischem Grase und am kühlen Wasser recht weidet. Es zieht den Tisch, Kelch und Öl auch aus dem Alten Testament und dem Gottesdienst zum Vergleich heran und nennt es alles Gottes Wort, wie er's auch Stecken, Stab, Gras, Wasser und rechten Weg nennt.[1]

Auch wurde der Psalm bereits im Jahr 1531 vertont – unter der Nummer 274 steht er noch heute im Evangelischen Gesangbuch:

1. Der Herr ist mein getreuer Hirt, hält mich in seiner Hute, darin mir gar nicht mangeln wird jemals an einem Gute. Er weidet mich ohn Unterlass, da aufwächst das wohlschmeckend Gras seines heilsamen Wortes.

2. Zum reinen Wasser er mich weist, das mich erquickt so gute, das ist sein werter Heilger Geist, der mich macht wohlgemute; er führet mich auf rechter Straß in sei'm Gebot ohn Unterlass um seines Namens willen.

3. Ob ich wandert im finstern Tal, fürcht ich doch kein Unglücke in Leid, Verfolgung und Trübsal, in dieser Welte Tücke: Denn du bist bei mir stetiglich, dein Stab und Stecken trösten mich, auf dein Wort ich mich lasse.

4. Du b'reitest vor mir einen Tisch vor mein' Feind' allenthalben, machst mein Herz unverzaget frisch; mein Haupt tust du mir salben mit deinem Geist, der Freuden Öl, und schenkest voll ein meiner Seel deiner geistlichen Freuden.

5. Gutes und viel Barmherzigkeit folgen mir nach im Leben, und ich werd bleiben allezeit im Haus des Herren eben auf Erd in der christlichen G'mein', und nach dem Tode werd ich sein bei Christus, meinem Herren.

Aber machen wir uns nichts vor: Wenn jemand nicht ein wenig kirchlich oder religiös sozialisiert ist, dann verbindet er vielleicht mit diesem Psalm und mit diesem Bild gar nichts.

In einem Bibelwochenheft heißt es: „Chris, mit 17 Jahren ein kritischer Geist, hasst es, Sachen einfach so mitzusprechen. ‚Der Herr ist mein Hirte‘ – und jetzt alle! – das schätzt er gar nicht. Einen richtigen Hirten hat er noch nie gesehen, und er findet, dass Schafe stinken. ‚Gott ist für mich da. / Er passt auf mich auf‘ – das kann er zumindest einordnen. Zurzeit hat er eher genug von großen Leuten, die auf ihn aufpassen wollen, denn er ist ja schon ziemlich erwachsen. Aber darunter kann er sich zumindest etwas vorstellen.“

Deshalb sind moderne Übertragungen wichtig, auch wenn ich persönlich den Psalm nicht anders hören möchte als in der Lutherform. Aber für den genannten Chris wäre solch eine moderne Übertragung – vorgeschlagen in dem Bibelwochenheft – vermutlich hilfreicher:

Er ist mein Hirte … Und er ist für mich da. Er gibt mir Luft zum Atmen und Brot zum Essen. Er zeigt mir, wo ich Wasser finde, das meinen Durst stillt. Ich suche einen Weg. Er führt mich. Auf diesen Gott habe ich gehofft. Auch wenn es richtig dunkel ist, wie mitten in der Nacht, bin ich mutig. Ich fühle mich stark. Denn Gott ist bei mir: Ja, genau du, Gott, ich darf dich anreden. Du gehst vor mir her. Du zeigst mir, wo es gut ist. Du deckst den Tisch für mich wie bei einem Fest. Auch die, die mich hassen, sehen das. Sie können nichts machen. Du schenkst mir Kleider und wäschst mich mit edler Seife. Es ist ein besonderer Tag. Und so bleibt es für mich, bis ich sterbe. Und auch dann noch darf ich bleiben – bei Gott.

So lohnt es sich, den so bekannten Psalm 23 einmal näher anzusehen. Ich möchte dies tun, indem ich ihn zunächst in das Leben des Königs David einordne (es heißt ja: „ein Psalm Davids") und einige Erklärungen zu diesem Psalm gebe. Dann werde ich vor allem fragen, was er für unser heutiges Leben austrägt, was er für uns im Alltag bedeuten kann.

HAUS DES HERRN

AUE

NAMEN   WASSER

HIRTE

ANGESICHT

STRASSE

UNGLÜCK

TISCH

STECKEN

HAUPT

FEINDE   ÖL

BARMHERZIGKEIT

GUTES   STAB

LEBEN

PSALM 23

Weil der Herr uns leitet,
gehen wir fröhlich in den neuen Tag.
Unser Leben ist wie eine Fahrt:
morgens zur Arbeit und abends nach Hause,
und der Herr fährt mit.
Wir ziehen hinaus zum See
und in fremde Länder,
und der Herr bleibt neben uns.
Jeder Tag gibt Grund zu neuem Dank:
reichliche Pflichten und heimliche Gaben
aus der Hand des Herrn.
Wir gehen zu frohem Tanz
und zu stiller Einkehr,
ein Geschenk liegt stets bereit.
Auch am Tag der Angst ist er uns nah,
wenn wir erschrecken, vom Unfall bedroht sind,
jäh der Mut erlischt.
Wer kennt unsere Not wie du?
Du suchst längst nach Helfern.
Du hörst jeden Hilferuf.
Unser Leben ist wie eine Fahrt:
früh voll Versprechen und abends voll Freude,
denn du gibst weit mehr:
Wir bitten dich um Geleit,
und du schenkst dich selber.
Jeder Tag wird ein Gewinn.

Gottfried Schille[2]

PSALM 23 UND KÖNIG DAVID

Die uns allen bekannten und wohltuenden Worte führen uns zurück in die Zeit des alten Israel. Es war die Zeit des großen Königs David, die Zeit, in der das Königreich wuchs und das Leben in Israel blühte. Ich stelle mir vor, wie David eines Abends auf der Terrasse seines großen Palasts in Jerusalem steht und seinen Blick über sein Reich schweifen lässt. Die Abenddämmerung bricht herein und das Licht gibt ein wunderbares Farbenspiel am Horizont ab. Ruhig und friedlich liegt David die stolze Abendlandschaft zu Füßen. Ja, er ist der Auserwählte, der von Gott gesandte und gesalbte König über ein herrliches Reich. Er hat es geschafft. Er ist mächtig, alles hört auf seinen Befehl.

Ich kann mir gut vorstellen, dass ihm da die Worte leicht von den Lippen gehen:

„Der Herr ist mein Hirte, mir wird nichts mangeln. Er weidet mich auf einer grünen Aue und führet mich zum frischen Wasser."

Ein wenig schwingt in diesen Sätzen wohl auch seine Kindheit mit, in der er selbst Hirte war und sich um seine Schafe kümmern musste. So liegt ihm dieses Bild nahe. Damals, als kleiner Hirtenjunge, konnte David noch nicht ahnen, was Gott alles mit ihm vorhatte.

Aber jetzt hat er alle seine Ziele erreicht. Er kann Gott von Herzen danken, der ihm jetzt wirklich nichts mehr mangeln lässt. Ein großer Aufstieg vom Hirtenjungen zum König!

Der Hirtenjunge ...
Wir kennen David aus den Geschichten des Alten Testaments als kleinen Hirtenjungen, der mit seiner Steinschleuder den großen Riesen Goliath besiegt. Wie oft hat meine kleine Enkelin Zoe, jetzt fünf Jahre alt,

DIESES GOTTVERTRAUEN WAR ES, DAS DAVID SEIN LEBEN LANG GEHOLFEN HAT UND DAS DAZU BEIGETRAGEN HAT, DASS ER EIN GROSSER, BEDEUTENDER KÖNIG WERDEN KONNTE.

sich diese Geschichte erzählen lassen, wie oft hat sie sich die schöne DVD „Geschichten aus der Bibel für Kinder: David und Goliath" (Deutsche Bibelgesellschaft) angesehen, und wie oft hat sie in den letzten Wochen danach gefragt: „Warum konnte der kleine David diesen großen Riesen besiegen?" – „Warum haben die bewaffneten Krieger des Königs Saul das nicht geschafft?" – „Warum wollten die Philister nicht, dass die Israeliten in ihr Land kamen?" – „Warum hat sich Goliath nicht gewehrt?" Alles Fragen, die man auch historisch beantworten kann. Viel wichtiger aber sind die Antworten, die ich meiner

Enkelin Zoe versucht habe zu geben: Der kleine David konnte den großen Goliath besiegen, weil er auf Gott vertraute, weil er sich sicher war: Gott ist an meiner Seite und steht mir bei. So hieß es ja auch im Jahr 2012 in der Jahreslosung: Jesus Christus spricht: *„Meine Kraft ist in den Schwachen mächtig"* (2. Korinther 12,9). Gott steht David so bei, wie er selbst als Hirtenjunge seinen Schafen beigestanden hat. Gott ist sein Hirte, deshalb wird ihm nichts mangeln. Dieses Gottvertrauen war es, das David sein Leben lang geholfen hat und das dazu beigetragen hat, dass er ein großer, bedeutender König werden konnte.

GOTT STEHT DAVID SO BEI, WIE ER SELBST ALS HIRTENJUNGE SEINEN SCHAFEN BEIGESTANDEN HAT.

... wird König

Und tatsächlich war es ja auch gar nicht so einfach für David, vom kleinen, unbedeutenden und unbekannten Hirtenjungen zum erfolgreichen König zu werden. Da ist zunächst Saul, der vor David das Königreich regiert. Er empfindet ihn als harte Konkurrenz und macht ihm das Leben schwer. Da David Glück in seinen Feldzügen hat und siegreich ist, fliegen ihm die Herzen der Frauen zu, und sie singen: *„Saul hat tausend erschlagen,* *aber David zehntausend"* (1. Samuel 18,7). Da wird Saul eifersüchtig auf David und fürchtet, dass dieser ihm die Königswürde nehmen könnte. Diese Furcht steigert sich bei Saul so lange, bis er eines Tages einen Tobsuchtsanfall bekommt und versucht, David mit seinem Speer zu töten. Aber – so das 1. Samuelbuch – der Herr war mit David, von Saul aber war der Herr gewichen. David merkt:

Dein Stecken und Stab trösten und beschützen mich.

Saul aber ist nicht zufrieden. Er schickt David in den Kampf mit den Philistern in der Hoffnung, dass dieser dabei fallen wird, ja, er verlangt als Brautpreis für seine Tochter Michal, die sich in David verliebt hat, die Vorhäute von 100 Philistern als Beweis dafür, dass er sie besiegt hat. David übererfüllt diese Aufgabe und bringt 200 Vorhäute. *Als aber Saul sah – so die Bibel – und merkte, dass der HERR mit David war und dass seine Tochter Michal ihn lieb hatte, da fürchtete sich Saul noch mehr vor David und wurde sein Feind sein Leben lang. Michal aber wurde Davids Frau* (1. Samuel 18,28).
All das, was bisher unmöglich schien, wird möglich, das Unwahrscheinliche geschieht: So, wie einst der kleine

Hirtenjunge David gegen alle Wahrscheinlichkeit den großen Goliath mit einer Steinschleuder besiegt hat, so wird der kleine, unscheinbare Hirtenjunge David von Gott zum König auserwählt. Er spürt, wie sich bewahrheitet: *Der Herr ist mein Hirte, mir wird nichts mangeln. Er weidet mich auf einer grünen Aue und führet mich zum frischen Wasser.*

Auch ein großer Mann macht Fehler ...

Davids Weg war durchaus nicht immer von so großem Erfolg gekrönt, auch er hatte seine dunklen Zeiten, vor allem hat auch er sich große Fehltritte geleistet. Denken wir nur an die Geschichte von David und Batseba.

> DAVIDS WEG WAR DURCHAUS NICHT IMMER VON SO GROSSEM ERFOLG GEKRÖNT, AUCH ER HATTE SEINE DUNKLEN ZEITEN.

Zu seiner Blütezeit als König entdeckt David eines Tages eine junge Frau. Schlank, schön und strahlend sieht sie aus, vielleicht auch ein wenig exotisch. Aber: Diese junge Frau namens Batseba ist verheiratet. Ihr Mann, Uria, ist Soldat und kämpft in einer Truppe Davids für das Königreich. David weiß genau, dass er Unrecht tut – dennoch lässt er sich dazu hinreißen, die junge Frau zu sich zu holen.

Als Batseba schließlich schwanger wird und der Fehltritt Davids damit bald nicht mehr zu verheimlichen sein wird, sieht er keinen anderen Ausweg, als den rechtmäßigen Ehegatten Uria vom Schlachtfeld zu sich kommen zu lassen und ihn abends zu seiner Frau zu schicken, damit er bei ihr liege. Auf diese Weise hofft David sehr listig, seinen Ehebruch vertuschen zu können. Aber Uria ist ein ehrenhafter Kämpfer. Er sagt, solange seine Kameraden im Feld seien, könne er nicht einfach essen und trinken und mit seiner Frau schlafen. Er legt sich außerhalb des Hauses zu seinen Kameraden.

Da trifft David die folgenschwere Entscheidung, Uria an die vorderste Front zu schicken – dorthin, wo er bestimmt bald fallen wird. Er gibt dem Feldherrn Joab sogar die Anweisung, Uria nicht zu decken und ihn so aufzustellen, dass er sterben müsse. Und tatsächlich: Uria fällt im Kampf. David kann Batseba schließlich ganz rechtmäßig zu sich nehmen. Eine ungerechte Geschichte, die sicher nicht dem Willen Gottes entspricht.

... und Gott lässt das nicht einfach durchgehen

Der große Prophet Nathan erkennt das Unrecht und stellt David zur Rede. Er hält ihm eine richtige

UND DANN PASSIERT DAS GROSSARTIGE: GOTT VERGIBT DAVID. DAVID KANN MIT SEINER SCHULD LEBEN, WEIL ER GOTT ALLES ANVERTRAUEN DARF UND VON IHM VERGEBUNG ERFÄHRT.

Strafpredigt und erzählt ihm das Gleichnis vom reichen und dem armen Mann. Der eine hat eine große Schafherde, der arme Mann nur ein einziges Schaf, das er über alles liebt. Nun bekommt der reiche Mann Besuch, aber er möchte keines seiner Schafe für das Festmahl opfern. So nimmt er das Schaf des Armen. Als David dies hört, wird er sehr zornig und sagt, dass der reiche Mann kräftig dafür büßen müsse. „Du bist dieser Mann", sagt Nathan daraufhin und kündigt ihm als Strafe seinen Tod an. David, anfangs noch uneinsichtig, bereut sein Vergehen schließlich von tiefstem Herzen und sagt: *„Ich habe gesündigt gegen den HERRN"* (2. Samuel 12,13). Und dann passiert das Großartige: Gott vergibt David. David kann mit seiner Schuld leben, weil er Gott alles anvertrauen darf und von ihm Vergebung erfährt. *Nathan sprach zu David: So hat auch der HERR deine Sünde weggenommen; du wirst nicht sterben* (2. Samuel 12,13).

Ein wunderbares Erlebnis für David. Er spürt es in seinem eigenen Leben: Gott erquickt meine Seele. Und er führt mich durch das finstere Tal der Schuld hindurch auf die rechte Straße, um seines Namens willen.

Nicht immer bergauf, aber immer nahe bei Gott
Wie wohl alle Menschen, so kannte David auch andere dunkle Zeiten in seinem Leben, die nichts mit schuldhaftem Verhalten seinerseits zu tun hatten; Zeiten, in denen Dinge einfach schief liefen, und zwar auch dann, wenn er selbst gar nichts dafürkonnte.

So hat David nicht jeden Krieg gewonnen, er musste Verluste hinnehmen. Er musste vor Saul zum König Achisch von Gad fliehen, aber die anderen Fürsten dieses Königs hatten Angst, er könnte ihnen die Macht streitig machen. So floh David wiederum und wurde Räuberhauptmann, so müssen wir es wohl nennen. Lange Zeit musste er ein unstetes Leben führen, bevor er endlich König wurde. Aber gerade auch in dieser Zeit machte er die Erfahrung: Gott lässt mich nicht allein, er hilft mir, wenn es mir schlecht geht. Weil er sich selbst immer von der Liebe Gottes getragen wusste, weil er Gott immer vertraute, gab er nie auf. Mit seinen

> WEIL ER SICH SELBST IMMER VON DER LIEBE GOTTES GETRAGEN WUSSTE, WEIL ER GOTT IMMER VERTRAUTE, GAB ER NIE AUF.

Erfahrungen als Hirte im Hintergrund hätte er das wohl so ausgedrückt:

Und ob ich schon wanderte im finstern Tal, fürchte ich kein Unglück; denn Gott ist bei mir, sein Stecken und Stab trösten mich.

David hat so viel Vertrauen zu Gott, hat so viel Gutes mit ihm und durch ihn erfahren dürfen, dass er sich im Laufe seines Lebens Gott immer näher fühlt – so nahe, als stünde er ihm direkt gegenüber. Das zeigt sich in der Form dieses Psalms, wie wir unten sehen werden. Jedenfalls ist sich David ganz sicher, dass ihn nichts mehr trennen kann von der Liebe Gottes. Er denkt:

Gutes und Barmherzigkeit werden mir folgen mein Leben lang, und ich werde bleiben im Hause des Herrn immerdar.

Psalm 23 – ein Psalm, der das Leben von David widerspiegelt

Der 23. Psalm ist also ein deutliches Zeugnis für das bewegte Leben des David, der sich in allen Höhen und Tiefen letztlich stets geborgen bei Gott findet. Vielleicht wird der Psalm auch genau deswegen heute noch so oft in unseren Gottesdiensten gesprochen und gebetet: weil er ein ganzes Leben beschreiben kann, das sich von Gott getragen weiß. Er passt zu den Höhepunkten unseres Lebens genauso wie zu den Tiefpunkten. Psalm 23 hat auch mich in meinem Leben begleitet – vielleicht auch Sie?

EIN PSALM DAVIDS. DER HERR IST MEIN HIRTE,
MIR WIRD NICHTS MANGELN. ER WEIDET MICH
AUF EINER GRÜNEN AUE UND FÜHRET MICH
ZUM FRISCHEN WASSER. ER ERQUICKET MEINE
SEELE. ER FÜHRET MICH AUF RECHTER STRASSE
UM SEINES NAMENS WILLEN. UND OB ICH SCHON
WANDERTE IM FINSTERN TAL, FÜRCHTE ICH
KEIN UNGLÜCK; DENN DU BIST BEI MIR, DEIN
STECKEN UND STAB TRÖSTEN MICH. DU BE-

EIN
LITERARISCHES
KUNSTWERK

ÖL UND SCHENKST MIR VOLL EIN. GUTES UND
BARMHERZIGKEIT ... MEIN
LEBEN LANG, UND ICH WERDE BLEIBEN IM
HAUSE DES HERRN IMMERDAR.

Psalm 23

Psalm 23 – wir kennen ihn so gut, dass wir vermutlich gar nicht merken, dass er in seiner Bildhaftigkeit gar nicht so einheitlich ist, wie er uns zu sein scheint. Wir gehen immer davon aus, dass es ein Psalm ist, der in seiner Gänze das Bild des Hirten widerspiegelt. Aber stimmt das? Warum ist da vom Salben des Hauptes die Rede? Man salbt in Israel Menschen zu Königen, aber das passt doch nicht zu Schafen! Und trinken Schafe aus einem Becher, der voll eingeschenkt wird? Was hat der Hirte zu tun mit dem „Haus des Herrn", in dem wir immer wohnen dürfen?

Es gibt aus diesem Grund verschiedene Versuche, Psalm 23 zu gliedern. Eine Möglichkeit ist wohl, ihn in drei Teile zu unterteilen: Teil 1: der Hirte (Verse 1-2), Teil 2: der Wanderer (Verse 3-4), und Teil 3: der Wirt (Verse 5-6). Oder in zwei Teile: Gott der Hirte (Verse 1-4) und Gott, der Gastgeber an heiliger Stätte (Verse 5-6). Oder handelt er doch von Anfang bis zum Ende nur vom Hirten? Das Öl,

TRINKEN SCHAFE AUS EINEM BECHER, DER VOLL EINGESCHENKT WIRD?

mit dem das Haupt gesalbt wird, würde dann verstanden werden müssen als zur Tierpflege gehörend: Den verletzten Kopf des Tieres kann man mit Öl einreiben. Ungelöst bleiben allerdings auch dann die Fragen:

Seit wann trinken Schafe aus einem Becher? Und was machen Hirte und Herde im Tempel?

Schließlich führt noch eine weitere Beobachtung zu einer Möglichkeit, den Psalm zu gliedern: In den Versen 1-3 ist das Subjekt der Verse „Er" – der Herr –, in den Versen 4-5 wird dagegen jemand bzw. Gott mit „Du" angeredet und in Vers 6 steht der Beter selbst im Mittelpunkt. Sollte die Gliederung vielleicht den unterschiedlichen Subjekten der verschiedenen Verse folgen? Gehen wir den Psalm einmal durch und versuchen, diese Fragen zu beantworten.

Vers 1: Der Herr ist mein Hirte, mir wird nichts mangeln.

Das prägende Bild dieses Psalms ist der Hirte. Wir sind geneigt, dieses Bild – von unserem traditionellen Hirtenbild in Deutschland ausgehend und geprägt von der Schäferromantik des 18. Jahrhunderts (man denke auch an die Pastorale von Ludwig van Beethoven und das Weihnachtsoratorium von Johann Sebastian Bach) – idyllischromantisch verklärt zu sehen. Auch ich benutze es in meinen Ansprachen nicht selten so. Wenn wir auf die Entstehungsgeschichte des Psalms sehen, dann müssen wir jedoch erkennen, dass der König im Alten Orient als der Hirte seines Volkes bezeichnet wurde. Das war keine romantische Vorstellung, sondern eine sehr verantwortungsvolle, teilweise auch gefahrvolle Aufgabe. Wir finden das Bild darüber hinaus öfter auf Gott übertragen. So heißt es in Psalm 79,13 an Gott gewandt: *Wir aber, dein Volk, die Schafe deiner Weide,* oder in Psalm 95,7: *Denn er ist unser Gott und wir das Volk seiner Weide und Schafe seiner Hand,* oder in dem sehr bekannten Psalm 100,3: *Erkennet, dass der Herr Gott ist. Er hat uns gemacht und nicht wir selbst zu seinem Volk und zu Schafen seiner Weide.*

GOTT IST DER EIGENTLICHE KÖNIG; DIE MACHT ÜBER SEIN VOLK HAT LETZTLICH NICHT ER, DAVID, SONDERN GOTT.

Was bedeutet das also, wenn König David so zu Gott betet: „Du bist mein Hirte, du bist mein König"? Ich denke, er unterstellt sich klar dem Willen Gottes. Gott ist der eigentliche König; die Macht über sein Volk hat letztlich nicht er, David, sondern Gott. Seine eigene Macht ist damit begrenzt: Er ist kein absoluter und schon gar nicht ein absolutistischer Herrscher, der niemand anderem untersteht, sondern er unterstellt sich einem anderen König und Machthaber, er unterstellt sich und sein Königtum Gott selbst.

Verse 2 und 3: Er weidet mich auf einer grünen Aue und führet mich zum frischen Wasser. Er erquicket meine Seele. Er führet mich auf rechter Straße um seines Namens willen.

Der Hirte im Heiligen Land führt seine Schafe zum Fressen natürlich nicht zu den trockenen und verbrannten Feldern, die es dort im Sommer und im Herbst in großen Mengen gibt. Diese Felder würden die Tiere auch alleine finden, und es würde dort nur Gestrüpp geben, nichts wirklich Nahrhaftes. Nein, er wählt die üppigen Weideplätze, wo die Tiere etwas zu essen bekommen. Als kundiger Hirte kennt er sie, die Tiere jedoch würden sie alleine nicht finden. Auch kennt er die Stellen, wo es Wasser gibt, und führt seine Herde dorthin.

Das habe ich während meines sechsjährigen Aufenthalts im Heiligen Land gelernt: Hirte einer Herde zu sein ist in diesem Land ein schwieriger und anstrengender Beruf. Man muss sich sehr gut auskennen, wenn man die Herde heil durchbringen will. Als ich zum ersten Mal im Frühjahr durch das Land gefahren bin, dachte ich: Das ist ja wirklich ein Land, wo Milch und Honig fließt. Überall in der sogenannten Wüste war es grün und ganz bunt, voller blühender Pflanzen. Aber wie schnell war es dann vorbei mit der Pracht. Von Mai bis Oktober regnet es dort in der Regel keinen Tropfen. Da ist es für das

Überleben der Tiere notwendig, dass sie einen Hirten haben, der sie richtig leiten und führen kann.

Der Beruf des Hirten war jedoch nicht nur anstrengend, sondern auch gefahrvoll. Gefahr drohte sowohl von den wilden Tieren als auch von Räubern und Dieben, die Schafe stehlen wollten.

ER ERLEBT GOTT, WIE EIN EINZELNER MENSCH SEINEN GÜTIGEN KÖNIG ERLEBT: ALS DEN HIRTEN, DER SICH UM SEINE SCHAFE SORGT UND KÜMMERT UND DER SIE ERQUICKT.

So wie der Hirte für seine Schafe das Beste will, so ist der Beter voller Vertrauen, dass er als Teil des Volkes Gottes, aber eben auch als einzelne Person den Segen in seiner ganzen Fülle erfahren hat und weiter erfahren wird. Er erlebt Gott, wie ein einzelner Mensch seinen gütigen König erlebt: als den Hirten, der sich um seine Schafe sorgt und kümmert und der sie erquickt. Wenn sie vom Weg abkommen, führt er sie wieder zurück auf die rechte Straße.

Vers 4: Und ob ich schon wanderte im finstern Tal, fürchte ich kein Unglück; denn du bist bei mir, dein Stecken und Stab trösten mich.

Auch hier zeigt sich, wie es sich bewährt, dass der Hirte der Beschützer der Tiere ist. Denn die Herde muss, wenn

sie zu guten und fruchtbaren Weideplätzen und zu spru-
delnden Quellen gelangen will, finstere Täler durchwan-
dern. Das wussten die Menschen im alten Israel. Und sie
wussten auch, dass es gefährlich war. Darum musste ein
Hirte bewaffnet sein. Das Wort, das wir aus der Luther-
fassung als „Stecken" kennen, war in Wirklichkeit eine
mit Eisen beschlagene Keule. Mit einer solchen Waffe
in der Hand schlug der Hirte Tiere und auch Menschen
zurück, die seiner Herde gefährlich wurden. Zugleich
hielt er einen Stab in seiner Hand, um die Schafe wieder
in den Kreis der Herde zurückzujagen, die sich von ihr
entfernt hatten. Er hatte also die Funktion, die der Hirtenstab auch bei uns hat.

„Stecken und Stab" sollen also denen, die von Gott als
Hirte in solcher Weise geführt werden, Mut und furcht-
loses Vertrauen geben. Der Beter des Psalms weiß und ist
dankbar dafür, dass er sich unter Gottes Schutz befindet.
An keiner anderen Stelle des Psalms wird so deutlich,
dass es vor allem um Vertrauen geht. Martin Luther hat
es wunderbar zusammengefasst:

**Gottes Wort ist ein Licht, das im Finstern schei-
net und leuchtet, heller als am Tage. Denn im Tod
verlöscht nicht allein das Licht dieser Sonne, sondern auch der Vernunft mit all ihrer Weisheit. Da**

leuchtet denn mit aller Treue das Wort Gottes, eine ewige Sonne, welche allein der Glaube sieht und (ihr) folget, bis ins ewige, klare Leben.[3]

Eine weitere Beobachtung: Gerade hier, wo es um Vertrauen geht, geht der Psalm auch zum „Du" über. Wurde Gott am Anfang noch in der distanzierten 3. Person angesprochen, als „er" („Der Herr ist mein Hirte, er weidet mich, er führet mich"), so wird das jetzt persönlicher: Aus dem „Er" wird ein „Du", aus der Distanz wird Nähe:

... du bist bei mir, dein Stecken und Stab trösten mich. Du bereitest vor mir einen Tisch im Angesicht meiner Feinde. Du salbest mein Haupt mit Öl und schenkest mir voll ein.

Das ist ein eindrückliches Zeugnis dafür, wie der manchmal fern scheinende Gott im Gebet allmählich näher und näher kommt, so lange, bis er zum direkten Gegenüber wird. Wenn wir Gott im Gebet anrufen, dann lässt er auch tatsächlich mit sich reden.

Vers 5: Du bereitest vor mir einen Tisch im Angesicht meiner Feinde. Du salbest mein Haupt mit Öl und schenkest mir voll ein.

Jetzt wechselt das Bild. Was nun gesagt wird, das passt

nicht mehr zum Hirten. Nebenbei gefragt: Hat Sie das bisher gestört? Mich nicht. Wenn ich aber genauer darüber nachdenke, dann muss ich sagen: Hier geht es nicht mehr um den Hirten und die Herde. Die wissenschaftlichen Ausleger haben große Kraftanstrengungen unternommen, um zu erklären, was dieser Vers noch mit dem Bild des Hirten und der Herde zu tun haben könnte. Da werden Korrekturen am Text vorgenommen (statt „Du bereitest vor mir einen Tisch im Angesicht meiner Feinde" schlägt einer vor: „Du hältst vor mir her meinen Bedrängern gegenüber den Wurfspieß bereit"), da stürzen sich Ausleger in medizinisch-tierärztliche Erklärungen („Schafe verletzen sich leicht am Kopf, die Wunden müssen mit Öl präpariert werden"), und da wird vom „Weidewechsel" geredet, der zur Folge hat, dass die Tiere weite Tagesmärsche zurückzulegen haben und deshalb großen Durst haben. Warum aber ein Schaf aus einem Becher trinken soll, wird dadurch doch nicht erklärt. Nein, das Bild vom Hirten und der Herde reicht nur von den Versen 1 bis 4. Ab Vers 5 ist Gott selbst gemeint, der dem Beter, der sich jetzt nicht mehr im Bild des Schafes mit seinem Hirten sieht, gegenübertritt. Er ist in diesem Vers der gütige Gastgeber, der einem Menschen, der Feinde hat, der vielleicht verfolgt wird, den Tisch deckt, und zwar sehr demonstrativ „im Angesicht seiner Feinde".

Dieser Gastgeber zeigt, dass er den Verfolgten beschützen will, dass dieser unter seiner Obhut steht. Es gab damals die Sitte, im Angesicht der aufgespießten Köpfe der besiegten Feinde zu tafeln. Und dann wird diesem Gast das Haupt mit Öl gesalbt – eine Geste der Ehre –, und der Becher wird ihm voll eingegossen, ein Ausdruck für die große Gastfreundschaft, die ihm widerfährt. Jetzt geht es nicht mehr um die saftigen Wiesen und auch nicht um die finsteren Täler, sondern der Schauplatz ist entweder ein Königshof oder der Tempel. Hier konnten die Armen und Verfolgten traditionell Zuflucht finden.

> MAN SPEISTE NUR MIT MENSCHEN, DIE MAN SCHÄTZTE, ZU DENEN MAN EINE GUTE BEZIEHUNG HATTE, DIE MIT EINEM VERWANDT ODER GUT BEKANNT WAREN ODER DENEN MAN EINE EHRE ERWEISEN WOLLTE.

Diese Bilder sind für uns heute schwer verständlich. Um sie in ihrer ursprünglichen Bedeutung zu verstehen, müssen wir ein wenig in die Bibel und in die Umwelt der Bibel schauen.

Das Speisen oder das Mahl hatte im Alten Testament und der damaligen Zeit eine klare Bedeutung: Man speiste nur mit Menschen, die man schätzte, zu denen man eine gute Beziehung hatte, die mit einem verwandt oder gut bekannt waren oder denen man eine Ehre erweisen wollte. Und man aß, wenn sich ein festlicher Anlass dazu ergab. Das sieht man etwa in 2. Mose 24,9-11: *Da stiegen Mose und Aaron, Nadab und Abihu und siebzig von den Ältesten Israels hinauf und sahen den Gott Israels. Unter seinen Füßen war es wie eine Fläche von Saphir und wie der Himmel, wenn es klar ist. Und er reckte seine Hand nicht aus wider die Edlen Israels. Und als sie Gott geschaut hatten, aßen und tranken sie.*

Sehr bezeichnend ist auch die Passage in 1. Samuel 9,1-13, wo Saul mit seinen Knechten unterwegs ist, um die verschwundenen Eselinnen seines Vaters zu suchen. Sie wollen den Propheten Samuel befragen, wo diese sind. Doch auch ihn müssen sie erst finden. Die Mädchen, die sie befragen, antworten ihnen: *Wenn ihr in die Stadt kommt, so werdet ihr ihn finden, ehe er hinaufgeht auf die Höhe, um zu essen. Denn das Volk wird nicht essen, bis er kommt; er segnet erst das Opfer, danach essen die, die geladen sind. Darum geht hinauf, denn jetzt werdet ihr ihn treffen.*

Und zum Essen gehörte natürlich nicht nur das von Gott gegebene Brot, sondern auch das Trinken, gehörte der gute Wein, der des Menschen Herz erfreut (Psalm 104,14): *Du lässest Gras wachsen für das Vieh und Saat zu Nutz den Menschen, dass du Brot aus der Erde hervorbringst, dass der Wein erfreue des Menschen Herz und sein Antlitz schön werde vom Öl und das Brot des Menschen Herz stärke.*

Eine ganz besondere Bedeutung jedoch hatte das Speisen „im Angesicht der Feinde". Diese Ausdrucksweise erinnert an eine Stelle aus dem nicht in der Bibel befindlichen „Amarna-Brief", wo ein Stadtkönig, der sich dem Pharao unterworfen hatte, an diesen die Bitte richtet: „Er gebe Geschenke an seinen Diener, während unsere Feinde zuschauen."[4] Offensichtlich sollte es sich hier um eine demonstrative Geste des Pharao handeln, die den Feinden des Verfolgten, der bei ihm Schutz suchte, zeigen sollte: Dieser Stadtfürst steht unter meinem Schutz, er steht unter dem Schutz des mächtigen Pharao.

Wenn also hier die Rede davon ist, dass der Tisch „im Angesicht meiner Feinde" gedeckt wird, dann bedeutet das, dass Gott sich auf meine Seite stellt, gleich, welche

> **WENN ALSO HIER DIE REDE DAVON IST, DASS DER TISCH „IM ANGESICHT MEINER FEINDE" GEDECKT WIRD, DANN BEDEUTET DAS, DASS GOTT SICH AUF MEINE SEITE STELLT, GLEICH, WELCHE FEINDE MICH VERFOLGEN, GLEICH, WIE MÄCHTIG SIE SIND.**

Feinde mich verfolgen, gleich, wie mächtig sie sind: Er
hält zu mir, auch und gerade angesichts meiner Feinde.
Weil er mächtiger ist als sie, können sie nur zusehen.
Sie können mir nichts mehr anhaben.
Auch das Bild des „Salben des Hauptes" ist uns heute
nicht mehr ohne Weiteres verständlich. Zur Zeit des
Alten Testaments war es im profanen wie im religiösen
Leben üblich, die Menschen zu salben. Das geschah
sowohl mit gewöhnlichem Öl als auch mit einer beson-
deren Essenz, die mit bestimmten Aromastoffen ver-
mischt war. Die Salbung galt als ein Zeichen der
Freude:

Der Geist Gottes des HERRN ist auf mir, weil der
HERR mich gesalbt hat. Er hat mich gesandt, den
Elenden gute Botschaft zu bringen, die zerbro-
chenen Herzen zu verbinden, zu verkündigen den
Gefangenen die Freiheit, den Gebundenen, dass
sie frei und ledig sein sollen; zu verkündigen ein
gnädiges Jahr des HERRN und einen Tag der Ver-
geltung unsres Gottes, zu trösten alle Trauernden,
zu schaffen den Trauernden zu Zion, dass ihnen
Schmuck statt Asche, Freudenöl statt Trauerkleid
… gegeben werden (Jesaja 61,1-3).

Wer trauerte, der salbte sich jedoch nicht mit Öl. Das sieht man z.B. in der Erzählung, in der der Heerführer Davids, Joab, versucht, den Groll Davids gegen Absalom zu besänftigen, indem er eine List anwendet und eine Frau zu David schickt. In 2. Samuel 14,2 heißt es dann: *Und (er) … ließ von dort eine kluge Frau holen und sprach zu ihr: Stelle dich wie eine Trauernde und zieh Trauerkleider an und salbe dich nicht mit Öl, sondern stelle dich wie eine Frau, die eine lange Zeit Leid getragen hat um einen Toten.*

Salbung kann aber auch Heilung bringen, wie man in der Erzählung vom barmherzigen Samariter sehen kann: *Und er ging zu ihm, goss Öl und Wein auf seine Wunden und verband sie ihm, hob ihn auf sein Tier und brachte ihn in eine Herberge und pflegte ihn* (Lukas 10,34). Außerdem war es – zumindest in neutestamentlicher Zeit – üblich, einen Leichnam zu salben: *Und als der Sabbat vergangen war, kauften Maria von Magdala und Maria, die Mutter des Jakobus, und Salome wohlriechende Öle, um hinzugehen und ihn zu salben* (Markus 16,1).

Im Alten Orient war es aber vor allem Brauch, Könige als Zeichen der Königswürde zu salben, so etwa Saul in 1. Samuel 10,1: *Da nahm Samuel den Krug mit Öl und goss es auf sein Haupt und küsste ihn und sprach: Siehe, der HERR hat dich zum Fürsten über sein Erbteil gesalbt.*

Auch David wurde gesalbt und galt fortan als „der Gesalbte des Herrn": *Da sprach Nathan zu David: Du bist der Mann! So spricht der HERR, der Gott Israels: Ich habe dich zum König gesalbt über Israel und habe dich errettet aus der Hand Sauls ...* (2. Samuel 12,7).

Durch die Salbung wurde also zum Ausdruck gebracht, dass Könige ihr Amt in Gottes Auftrag antraten und dass sie dazu den Geist Gottes erhielten. Der erwartete Sohn Gottes wurde deshalb als der Messias (hebräisch: der Gesalbte) bezeichnet.

Im Neuen Testament wird uns Jesus als dieser Gesalbte Gottes, als der Messias, als der Christus (das griechische Wort für Messias) geschildert. In der Taufe Jesu am Jordan wird uns berichtet, dass der Geist Gottes auf ihm ruht, er also gesalbt ist.

Es hat eine besondere Bedeutung, wenn in Psalm 23 davon die Rede ist, dass das Mahl zubereitet wird „im Angesicht der Feinde". Denn das heißt, dass der Beter Mahlgemeinschaft mit dem Gastgeber Gott hat, der zugleich sein Schutzherr ist. Da der nächste Vers nahelegt, dass der Ort des Geschehens der Tempel, das Haus des Herrn, ist, bedeutet dies konkret: beim Opfer. Auf diese Weise konnte der Beter mit Gott Gemeinschaft haben, und der zeigte ihm wiederum damit, dass er ihn beschützte.

Vers 6: Gutes und Barmherzigkeit werden mir folgen mein Leben lang, und ich werde bleiben im Hause des Herrn immerdar.

Plötzlich verfolgen den Beter nun nicht mehr die Feinde, sondern Gutes und Barmherzigkeit folgen ihm sein Leben lang. Das ist nun deutlich auf das bezogen, was im Tempel geschah: Die dort erfahrene Güte Gottes „läuft" ihm für den Rest seines Lebens nach.

Diese Äußerung zeigt das Vertrauen des Beters, und wir finden ähnliche Wendungen bei vielen Psalmen, z.B. in Psalm 22, dem bekannten Psalm, den Jesus am Kreuz betete: „Mein Gott, mein Gott, warum hast du mich verlassen!" Zunächst wird ausführlich das Leid des Beters geschildert, in drastischen Worten, wie z.B in den Versen 7-9 und 15:

Ich aber bin ein Wurm und kein Mensch,
ein Spott der Leute und verachtet vom Volke.
Alle, die mich sehen, verspotten mich,
sperren das Maul auf und schütteln den Kopf:
»Er klage es dem HERRN, der helfe ihm heraus
und rette ihn, hat er Gefallen an ihm …

> **PLÖTZLICH VERFOLGEN DEN BETER NUN NICHT MEHR DIE FEINDE, SONDERN GUTES UND BARMHERZIGKEIT FOLGEN IHM SEIN LEBEN LANG.**

... alle meine Knochen haben sich voneinander gelöst; mein Herz ist in meinem Leibe wie zerschmolzenes Wachs. Aber auch dieser so eindrucksvolle Klagepsalm endet mit Worten des Dankes und des Rühmens, aus denen Gottvertrauen spricht, wie etwa diesen:

Ich will deinen Namen kundtun meinen Brüdern,
ich will dich in der Gemeinde rühmen:
Rühmet den HERRN, die ihr ihn fürchtet;
ehret ihn, ihr alle vom Hause Jakob,
und vor ihm scheuet euch,
ihr alle vom Hause Israel!
Denn er hat nicht verachtet noch verschmäht
das Elend des Armen
und sein Antlitz vor ihm nicht verborgen;
und als er zu ihm schrie, hörte er's.

In unserem Psalm, der ja kein ausgesprochener Klagepsalm ist, wird dies auch deutlich. Immerhin ist von dunklen Tälern und Feinden die Rede. Es läuft also nicht alles gut im Leben des Beters; er hofft auf Gottes Hilfe. Aber am Ende des Psalms wird sichtbar: Er hat erlebt, dass Gott ihn errettet und beschützt hat. Und wer Gottes Liebe einmal erfahren hat, der möchte ewig bei ihm bleiben, in seinem Bereich, also im Tempel, er möchte an dem Ort bleiben, wo Gottes Heil deutlich spürbar wird. Wir merken: Der ursprüngliche Beter hatte keine romantische Hirtenerzählung im Sinn. Ganz im Gegenteil. Im Hintergrund dieses Vertrauenspsalms steht vielmehr eine konkrete Gefahr für den Beter. Er hat Feinde, sein Leben ist bedroht und verfolgt. Aber im Tempel – und wir können heute auf unsere Situation übertragen besser sagen: in der Gemeinde Gottes – ist ihm Gottes Schutz und Schirm deutlich geworden. Er weiß sich geborgen. Wo anders können auch wir heute diesen Schutz Gottes besser spüren als im Kreis all derer, die auch auf Gott vertrauen und zu ihm beten, im Kreis seiner Gemeinde!

> **WER GOTTES LIEBE EINMAL ERFAHREN HAT, DER MÖCHTE EWIG BEI IHM BLEIBEN, IN SEINEM BEREICH, ALSO IM TEMPEL, ER MÖCHTE AN DEM ORT BLEIBEN, WO GOTTES HEIL DEUTLICH SPÜRBAR WIRD.**

DU BIST EIN WUNDERBARER HIRT

Du bist ein wunderbarer Hirt,
der mich zu frischem Wasser führt,
du hast so reich gedeckt
des Königs Tisch für mich.

Du bist mein Stecken und mein Stab.
Und wand're ich im finst'ren Tal,
fürcht ich kein Unheil mehr,
denn du bist hier bei mir.

Ich komm, ich komm an deinen Tisch,
ich komm, ich komm und ich bin gewiss:
Du bist mein wunderbarer Hirt.

Du hast mein Haupt gesalbt mit Öl,
den Becher bis zum Rand gefüllt,
an deiner Hand wird meine Seele still.

Lothar Kosse[5]

DER HERR IST MEIN HIRTE – EIN VERTRAUENS-PSALM FÜR UNS HEUTE

DER HERR IST MEIN HIRTE, MIR WIRD NICHTS MANGELN

Für mich gibt es auf der ganzen Welt keine bessere Beschreibung dessen, was Gott für mich bedeutet, als diesen Satz: *Der Herr ist mein Hirte.* Er drückt für mich – gerade auch im Zusammenhang mit dem ganzen Psalm – Geborgenheit aus, Schutz, Versorgung, Zuversicht, aber auch, dass ich anerkenne (von der damaligen Wortbedeutung von „Hirte" ausgehend), dass Gott der Herr über mir ist, der über mich herrscht, der mich und die ganze Welt regiert, der allmächtig ist – zu meinem Schutz und zu meinem Besten. „Mir wird nichts mangeln" – Gott ist der Schöpfer und Erhalter unseres Lebens. Wir dürfen uns immer wieder daran erinnern, was das bedeutet: Er hat uns nicht nur erschaffen und dann vergessen, sondern er sorgt dafür, dass uns unsere Lebensgrundlagen gegeben werden. Martin Luther hat dies in seiner Auslegung des ersten Glaubensartikels sehr schön deutlich gemacht:

Ich glaube an Gott, den Vater, den Allmächtigen,
den Schöpfer des Himmels und der Erde.
Was ist das?
Ich glaube, dass mich Gott geschaffen hat samt
allen Kreaturen,
mir Leib und Seele, Augen, Ohren und alle Glieder,
Vernunft und alle Sinne gegeben hat
und noch erhält;
dazu Kleider und Schuh, Essen und Trinken,
Haus und Hof, Weib und Kind,
Acker, Vieh und alle Güter;
mit allem, was nottut für Leib und Leben,
mich reichlich und täglich versorgt,
in allen Gefahren beschirmt
und vor allem Übel behütet und bewahrt;
und das alles aus lauter väterlicher,
göttlicher Güte und Barmherzigkeit,
ohn all mein' Verdienst und Würdigkeit:
für all das ich ihm zu danken und zu loben
und dafür zu dienen und
gehorsam zu sein schuldig bin.
Das ist gewisslich wahr.

Viele Menschen staunen nicht mehr über die Schöpfung
und den Schöpfer und darüber, dass er uns unser Leben

nicht nur gegeben hat, sondern auch erhält, sondern fragen: Wie können wir angesichts des Leids in der Welt und angesichts des Leides, dem viele Einzelne ausgesetzt sind, solch eine steile Behauptung aufstellen, dass Gott uns und unser Leben erhalten will?

WENN MIR NICHTS MANGELN WIRD – WIE KANN GOTT DANN DAS LEID IN DER WELT ZULASSEN?

Wenn mir nichts mangeln wird – wie kann Gott dann das Leid in der Welt zulassen? Weil diese Frage so bedrängend ist, gibt es heute manche Christen und auch nicht wenige Theologen, die sich scheuen, von dem allmächtigen Gott zu reden. Beim trinitarischen Segen (*Es segne und behüte dich der allmächtige und barmherzige Gott, der Vater, der Sohn und der Heilige Geist*) umschreiben sie das „allmächtig" gerne oder lassen es ersatzlos weg. Der Grund liegt wohl darin, dass sie keine Antwort auf die berechtigte Frage wissen: Wenn Gott allmächtig ist, warum lässt er dann das Leid in unserer Welt zu? Diese Frage ist so alt wie unser christlicher Glaube. Die sogenannte Theodizeefrage hat die Glaubenden schon immer stark beschäftigt. Und ich denke, es gibt keine eindeutige, den Verstand befriedigende Antwort.

Aber es gibt Lebenserfahrungen. Ich war sehr beeindruckt, als ich in meiner Gemeinde einen Bibelabend zu Psalm 23 gehalten habe und fragte, ob die anwesenden Gemeindeglieder Ähnliches wie dieser Beter erlebt hätten, also Trost und Geborgenheit bei Gott gefunden haben, auch angesichts schwerer Situationen, und eine Frau antwortete: Ja, sie kenne dieses Gefühl des Verlorenseins und Einsamseins. In jungen Jahren sei ihr Mann überraschend gestorben und habe sie mit den unmündigen Kindern zurückgelassen. Da habe sie mit Gott gehadert und ihn gefragt, wieso er das zugelassen habe. Sie habe gejammert und geklagt. Das sei eine ganze Zeit so gegangen. Sie sei zutiefst niedergeschlagen gewesen und habe sich in einem Loch, einem finstern Tal, befunden, aus dem sie nicht leicht wieder herausgekommen sei. Zwar habe sie ihre Kinder gehabt, doch glaube sie, dass sie nicht wieder zu Lebensmut und Lebenslust zurückgefunden hätte, wenn sie nicht ihren Glauben an Gott gehabt hätte, den Hirten, von dem sie sich geführt und geleitet gefühlt habe, auch in allen Schwierigkeiten. Das habe ihr schließlich geholfen – nicht schnell und nicht leicht und auch nicht so, dass sie jetzt eine Antwort auf die Frage habe, warum Gott den Tod ihres Mannes zugelassen habe. Aber doch so, dass sie sich im Schutz und in der Hand Gottes geborgen fühle und wisse, dass er sie liebt und immer für sie da ist.

NAHRUNG

INNERER FRIEDE   WOHNUNG

MEHR ALS GENUG

TROST   ZUFRIEDENHEIT

KLEIDUNG

GLÜCK

BEZIEHUNGEN

Ich lerne immer wieder neu aus solchen Erfahrungen von gläubigen Christen. Deshalb ist es so wichtig, dass wir uns in der Gemeinde, in Hauskreisen, bei Bibelstunden unsere gegenseitigen Erfahrungen mitteilen, weil sie den Glauben stärken. Und wenn ich von solchen Erfahrungen höre, dann kann ich auch besser antworten, wenn wieder jemand fragt: „Wie kannst du an Gott den Schöpfer und Erhalter allen Lebens glauben angesichts des Leids in der Welt?" Ich kann dann nicht nur von

WENN ICH VON SOLCHEN ERFAHRUNGEN HÖRE, DANN KANN ICH AUCH BESSER ANTWORTEN, WENN WIEDER JEMAND FRAGT: „WIE KANNST DU AN GOTT DEN SCHÖPFER UND ERHALTER ALLEN LEBENS GLAUBEN ANGESICHTS DES LEIDS IN DER WELT?"

meinen eigenen Erfahrungen berichten, sondern auch von denen anderer Christen. Und kann mit ihnen einstimmen in den Lobgesang: „Ich singe dir mit Herz und Mund, Herr meines Herzens Lust" – denn ich weiß: Der Herr ist mein Hirte, mir wird nichts mangeln.

ICH SINGE DIR
MIT HERZ UND MUND

1. Ich singe dir mit Herz und Mund,
Herr, meines Herzens Lust;
ich sing und mach auf Erden kund,
was mir von dir bewusst.

2. Ich weiß, dass du der Brunn der Gnad
und ewge Quelle bist,
daraus uns allen früh und spat
viel Heil und Gutes fließt.

7. Ach Herr, mein Gott, das kommt von dir,
du, du musst alles tun,
du hältst die Wach an unsrer Tür
und lässt uns sicher ruhn.

12. Du füllst des Lebens Mangel aus
mit dem, was ewig steht,
und führst uns in des Himmels Haus,
wenn uns die Erd entgeht.

Paul Gerhardt

GEBET

Gott, mein Schöpfer, ich danke dir dafür,
dass du mich nicht nur erschaffen hast,
sondern auch erhältst. Ich danke dir, dass du
für alles sorgst, was für mein Leben notwendig
ist: Essen und Trinken, Nahrung, Kleidung,
Wohnung, aber auch für alle Bewahrung, durch
die ich immer noch leben darf.
Ich bitte dich: Lass mich immer wieder
daran denken, dass ich das weitergebe,
was ich von dir empfangen habe. Lass mich
alles tun, damit Menschen nicht hungern
müssen, damit Menschen nicht dürsten
müssen, damit Menschen nicht Angst haben
müssen, sondern spüren, dass du sie liebst,
sie liebst auch dann, wenn sie dich und dein
Handeln nicht verstehen.
Gott, ich danke dir, dass du mich so beschützt
wie ein Hirte seine Herde.
Amen.

ER WEIDET MICH AUF EINER GRÜNEN AUE UND FÜHRET MICH ZUM FRISCHEN WASSER

Hier wird meine – durch autobiografische Erlebnisse geprägte – Fantasie lebendig: Ich denke an Hirten, die ich in meinem Umfeld in Franken gesehen habe und auch heute noch immer wieder sehe: Auf prächtig grünen Wiesen weidet die Herde. Der Hirte beobachtet seine Tiere, lässig auf seinen Hirtenstab gelehnt. Aber er hat eigentlich nicht wirklich etwas zu tun, so scheint es dem Betrachter. Die weidende Herde braucht keinen Menschen, der sie beschützt; der Hirtenhund, der die Herde unablässig wachsam umkreist, genügt völlig.

Ich denke an wunderschöne Fotografien in prächtig ausgestatteten Meditationsbänden, ich denke an Gemälde in Wohnzimmern von Gemeindegliedern, die ich zum

Geburtstag besuche. Wahrscheinlich hat jeder und jede solche Bilder vor seinem oder ihrem geistigen Auge bei diesen Worten.

Und dann denke ich an meine Zeit im Heiligen Land. Wie blühte und grünte es da auf sonst staubigen Feldern im Frühjahr, wenn der Winter- und Frühjahrsregen gefallen war – und wie schnell war dieses Grün wieder weg, sobald die Sonne einige Wochen unaufhörlich darauf geschienen hatte. Nur in Tälern, die die Sonne nicht dauernd erreichte, oder hinter großen Felsen, wo der Boden meistens im Schatten lag und eine Quelle vorhanden war, gab es plötzlich grüne Flecken, wirkliche Oasen. Die Hirten kannten sie, und sie konnten die ihnen anvertrauten Tiere sicher dorthin führen, damit sie frisches Wasser und grünes Gras fanden. Ohne ihren Hirten wären diese Tiere zum Tode verdammt gewesen.

WIE BLÜHTE UND GRÜNTE ES DA AUF SONST STAUBIGEN FELDERN IM FRÜHJAHR, WENN DER WINTER- UND FRÜHJAHRSREGEN GEFALLEN WAR – UND WIE SCHNELL WAR DIESES GRÜN WIEDER WEG, SOBALD DIE SONNE EINIGE WOCHEN UNAUFHÖRLICH DARAUF GESCHIENEN HATTE.

Wie gut, dass Gott mein Hirte, unser Hirte ist! Wie beruhigend, dass er sich um unser leibliches und seelisches Wohl kümmert, wie gut, dass es ihm wichtig ist, dass es uns gut geht!

Bei einem meiner sieben Bibelabende, die ich zu Psalm 23 in den Ortsteilen meiner Dorfgemeinde gehalten habe, erzählte Herr S., dass ihnen in ihrer Kindheit ein ganz anderes Gottesbild nahegebracht worden war: „Gott sieht's, Gott hört's, Gott straft's." Und in einer anderen Gemeinde erzählte mir eine Frau neulich, dass der Pfarrer sie als Kinder bestraft habe, indem er ihre Köpfe gegeneinandergestoßen habe. Als kurz darauf der Pfarrer starb, habe sie darin eine Strafe Gottes für sein Verhalten ihnen gegenüber gesehen und nicht weinen können.

Weil diese Vorstellung noch in manchen Köpfen wegen der früheren religiösen Erziehung durch solche Pfarrer, aber auch Eltern steckt, erzähle ich gerne, insbesondere bei Taufen, die kleine Anekdote vom Pfarrer und seinem Apfelbaum:

Ein Pfarrer besitzt einen wunderschönen Apfelbaum. Immer, wenn es Herbst wird, freut er sich, dass er nun wieder reife, rote Äpfel ernten kann. Doch in der Nacht, bevor er ernten will, klauen ihm böse Buben aus dem Dorf die schönsten Äpfel. Er ärgert sich fürchterlich, dann kommt ihm eine Idee: Er malt ein großes Schild, darauf steht: „Achtung, der liebe Gott sieht alles!" Dieses Schild hängt er an den Apfelbaum und denkt sich, er könne nun endlich seine Äpfel selbst essen. Am nächsten Morgen, als er die schönsten Äpfel pflücken will, sind diese wiederum geklaut. Er denkt sich: Das kann doch gar nicht sein, das Schild hängt doch noch. Tatsächlich, es hängt noch. Doch es hat jemand etwas dazugemalt: „Achtung, der liebe Gott sieht alles, aber er verpetzt dich nicht!"

Nein, unser Gott ist nicht ein Gott, den wir als den richtenden und den strafenden verkündigen sollen. Er will nicht, dass man mit ihm droht und sagt: „Achtung, der liebe Gott sieht alles." Sicher ist er manchmal der ferne, der unverständliche Gott. Aber er will letztlich, dass es uns gut geht, dass es uns an nichts mangelt. Wir dürfen uns bei ihm, auf seinen grünen Wiesen, ganz sicher fühlen und die Geschenke, die er für uns hat, aus seiner Hand dankbar annehmen.

SICHER IST ER MANCHMAL DER FERNE, DER UNVERSTÄNDLICHE GOTT. ABER ER WILL LETZTLICH, DASS ES UNS GUT GEHT, DASS ES UNS AN NICHTS MANGELT.

NUN PREISET ALLE
GOTTES BARMHERZIGKEIT

1. Nun preiset alle Gottes Barmherzigkeit!
Lob ihn mit Schalle, werteste Christenheit!
Er lässt dich freundlich zu sich laden;
freue dich, Israel, seiner Gnaden,
freue dich, Israel, seiner Gnaden!

2. Der Herr regieret über die ganze Welt;
was sich nur rühret, alles zu Fuß ihm fällt;
viel Tausend Engel um ihn schweben,
Psalter und Harfe ihm Ehre geben,
Psalter und Harfe ihm Ehre geben.

3. Wohlauf, ihr Heiden, lasset das Trauern sein,
zur grünen Weiden stellet euch willig ein;
da lässt er uns sein Wort verkünden,
machet uns ledig von allen Sünden,
machet uns ledig von allen Sünden.

4. Er gibet Speise reichlich und überall,
nach Vaters Weise sättigt er allzumal;
er schaffet frühn und späten Regen,
füllet uns alle mit seinem Segen,
füllet uns alle mit seinem Segen.

Matthäus Appelles von Morgenstern

GEBET

Gott, du mein Schöpfer, danke,
dass dir nicht nur mein
leibliches Wohl, sondern auch mein
seelisches Wohlbefinden wichtig ist.
Ich danke dir für alle Erquickung,
die du mir zukommen lässt, danke dir für
mein seelisches Wohlbefinden,
das ich immer wieder erfahren darf,
auch dann, wenn es mir vorher schlecht
erging. Ich bitte dich für alle
Menschen, die sich in Trauer,
Depression und Leid befinden.
Zeig du ihnen, dass du auch ihr Gott bist,
dass du nicht willst, dass Menschen leiden,
und schicke ihnen Personen,
die ihnen deine Liebe zeigen.
Lass auch mich solch ein Bote sein.
Amen.

ER ERQUICKET MEINE SEELE. ER FÜHRET MICH AUF RECHTER STRASSE UM SEINES NAMENS WILLEN

Er erquicket meine Seele, das heißt, er gibt uns neue Kraft, wenn wir müde sind, er hilft uns mit seiner Liebe, wenn wir schwach zu werden drohen. Wie gut kenne ich das: dass ich keine Lust mehr habe, mich weiter zu engagieren. Alles war vergebens, all meine Anstrengung hat nichts genützt. Die anderen Menschen machen nicht mit. Ich hatte solch eine tolle Idee (fand ich!), aber niemand lässt sich begeistern. Ich gebe auf. – Haben Sie auch schon einmal solche Gedanken gehabt? Doch dann fällt mir Psalm 23 ein. Und ich finde darin diese wunderbare Zusage für mich, für uns: Ja, er ist es, der mich erquickt, auch wenn mich Menschen enttäuscht haben. Er stärkt mich, wenn ich meine nicht mehr weiterzukönnen. Und vor allem: Er ist auch dann für mich da, wenn ich den falschen Weg gegangen bin.

Gott vergibt uns, wenn wir vom Weg abgekommen sind. Er gibt uns die Chance, wieder auf den rechten Weg zurückzufinden. Mit seiner Hilfe können wir der Sackgasse der Verzweiflung und Selbstverachtung entkommen. Ob wir nun an Schafe denken, die von ihrem Hirten auf dem rechten und für sie ungefährlichen Weg geführt werden, oder ob schon hier die Übertragung auf den Beter selbst gedacht ist, spielt keine Rolle.

WER DEN NAMEN GOTTES ANRUFT, DARF SICHER SEIN, DASS GOTT GEGENWÄRTIG IST UND DASS ER IHM HELFEN WIRD.

Für mich persönlich ist dieser Vers in Verbindung mit dem nächsten, wo von dem tiefen Tal die Rede ist, das Kernstück des Psalms, das mich begleitet und oft getröstet hat, wenn ich enttäuscht war, resigniert oder ausgebrannt. Es hat mir neue Kraft gegeben, sodass ich aus der Depression herauskam und wieder auf den rechten Weg zurückfand.

Der Zusatz „um seines Namens willen" zeigt, dass es Gottes Wesen ist, mich zu beschützen. Da der Gottesname

nicht genannt werden durfte, finden wir hier diese For-
mulierung, die für Gott selbst steht, also sein Wesen. Wer
den Namen Gottes anruft, darf sicher sein, dass Gott
gegenwärtig ist und dass er ihm helfen wird. Allerdings
ist auch klar, dass eine missbräuchliche Anrufung Gottes
bestraft wird. Darum heißt es im 2. Gebot: *Du sollst den
Namen des HERRN, deines Gottes, nicht missbrauchen;
denn der HERR wird den nicht ungestraft lassen, der
seinen Namen missbraucht* (2. Mose 20,7).

Hier aber steht „der Name" ganz positiv: Weil Gott Gott
ist, gehört es zu seinem Wesen, mich auf rechter Straße
zu führen.

JESU, GEH VORAN

1. Jesu, geh voran
auf der Lebensbahn!
Und wir wollen nicht verweilen,
dir getreulich nachzueilen;
führ uns an der Hand
bis ins Vaterland.

2. Soll's uns hart ergehn,
lass uns feste stehn
und auch in den schwersten Tagen
niemals über Lasten klagen;
denn durch Trübsal hier
geht der Weg zu dir.

3. Rühret eigner Schmerz
irgend unser Herz,
kümmert uns ein fremdes Leiden,
o so gib Geduld zu beiden;
richte unsern Sinn
auf das Ende hin.

4. Ordne unsern Gang,
Jesu, lebenslang.
Führst du uns durch raue Wege,
gib uns auch die nöt'ge Pflege;
tu uns nach dem Lauf
deine Türe auf.

Nikolaus Ludwig Graf von Zinzendorf

GEBET

Vater im Himmel, ich danke dir,
dass du dich uns offenbart hast als der,
dessen Aufgabe es ist, uns zu beschützen.
Ich danke dir, dass du mein Hirte bist,
dass du mich leitest auf all meinen
Lebenswegen, wohin immer diese mich
führen: Ich weiß, dass du mich auf den
rechten Weg zurückführen willst, wenn ich
diesen zu verlassen drohe oder ihn
verlassen habe. Ich darf immer zurückkehren,
denn du bist die Liebe selbst,
die das Beste für mich will. Gib,
dass ich dich und deine Weisungen
erkenne und meinen Lebensweg danach
gestalte. Und vergib mir, wenn ich den
rechten Weg verlasse. Führe du mich dann
wieder zurück um deines Namens willen.
Amen.

UND OB ICH SCHON WANDERTE IM FINSTERN TAL, FÜRCHTE ICH KEIN UNGLÜCK; DENN DU BIST BEI MIR, DEIN STECKEN UND STAB TRÖSTEN MICH

Wenn Gott mein Hirte ist, dann bedeutet das nicht, dass ich ein dummes Schaf bin, sondern dass er sich um mich ganz persönlich kümmert. Während in den Versen eins bis drei das normale, alltägliche Leben im Blick ist, in dem Gott dafür sorgt, dass es mir gut geht, geht es nun um die Gefahren auf unserem Lebensweg.

Gott kümmert sich auch dann um mich, wenn es mir besonders schlecht geht, wenn ich in Gefahr bin, wenn ich Angst habe oder wenn ich einen schlimmen Fehler begangen habe, wenn ich Schuld auf mich geladen habe und nicht mehr weiß, wie ich aus dieser Situation herauskommen soll. Gerade das Bild vom finstern Tal hat mir in meinem Leben immer wieder sehr geholfen. Das fing an, als ich mich als kleiner Junge, so im Alter von acht, neun oder zehn Jahren, im Dunkeln fürchtete. Ich hatte Angst vor dem Tod, hatte Angst, dass ich lebendig in einem Grab liege. Ich brauchte deshalb immer ein kleines Licht in meinem Zimmer, es durfte nie ganz dunkel sein. Wenn die Angst zu stark wurde, dann ging ich zu meiner Mutter. Sie hat mich dann zu sich ins Bett geholt und mir den 23. Psalm ins Ohr geflüstert. Ganz ruhig bin ich danach in mein eigenes Bett zurückgekehrt und konnte wieder gut schlafen.

GOTT KÜMMERT SICH AUCH DANN UM MICH, WENN ES MIR BESONDERS SCHLECHT GEHT, WENN ICH IN GEFAHR BIN, WENN ICH ANGST HABE ODER WENN ICH EINEN SCHLIMMEN FEHLER BEGANGEN HABE.

Auch später war es dieser Psalm (und mein Hund Beppo), der mir meine Lebensangst nahm. Den ersten Golfkrieg erlebte ich in Israel. Es war im Januar 1991. Angesichts des Ultimatums, das die Amerikaner Saddam

Hussein gestellt hatten und das auslief, hatte ich meine Familie nach Zypern geschickt. Nach dem Willen des Kirchenamtes in Hannover hätte auch ich, so wie die meisten Deutschen, das Land verlassen sollen. Mein direkter Vorgesetzter hat dann aber – Gott sei Dank – gemerkt, dass ich nicht bereit war, von Jerusalem und meiner Gemeinde wegzugehen. Ich war nicht besonders mutig oder tapfer – ganz im Gegenteil. Aber ich hatte das Gefühl: Solange Mitglieder meiner Gemeinde da sind, auch wenn es nur wenige sind (etwa drei Viertel der Gemeindeglieder war dem Aufruf des Auswärtigen Amtes gefolgt und nach Deutschland zurückgekehrt), solange also ein kleiner Teil der Gemeinde vor Ort geblieben ist (es waren vor allem die Frauen aus Deutschland, die mit Palästinensern verheiratet waren), so lange muss ich als Pfarrer auch dortbleiben.

Aber es waren bittere und angstvolle Tage und Wochen. Anders als in bisherigen Kriegen, wo man sich vor Bomben zu schützen versuchte, indem man in den Keller ging, sollten wir hier möglichst hoch im Haus einen Raum präparieren, den man gut gegen den befürchteten Gasangriff schützen konnte.

Wir hatten eines unserer Gästezimmer, das auch über Toilette und Wasseranschluss verfügte, so weit hergerichtet, dass man es dort für einige Zeit aushalten konnte.

Das Fenster war mit einer Plastikfolie überklebt und die Tür wurde jeweils, wenn alle im Zimmer waren, die sich im Haus befanden, ebenfalls mit Plastikfolie und Plastik-Klebeband „gasdicht" gemacht.

Nach einem Alarm in diesem versiegelten Raum sitzend hörten wir im Radio auf Englisch, wir sollten unsere Gasmaske aufsetzen, es sei eine Rakete abgeschossen worden; es müsse aber noch lokalisiert werden, wo diese eingeschlagen sei und ob sie Gas enthalten habe. Sobald geklärt sei, in welcher der sechs Regionen des Landes der Einschlag erfolgt war, würde in den übrigen fünf Regionen der Alarm aufgehoben. Man könne dann die Gasmasken auch wieder abnehmen.

Das war die letzte Nachricht in dieser Nacht, die auf Englisch erfolgte. Alle weiteren Ansagen kamen auf Iwrit, das ich nicht verstand. Ein Mitbewohner hatte allerdings einen Neuhebräisch-Sprachkurs besucht und meinte, die Ansagen zu verstehen. Er rief plötzlich: „Jetzt haben sie durchgesagt, dass eine Atombombe gefallen ist." Selten in meinem Leben habe ich solch eine Todesangst gehabt wie in diesen ersten Stunden des Golfkrieges. Auf einen Gasangriff hatten wir uns nach menschlichem Ermessen ordentlich vorbereitet und meinten, dagegen geschützt zu sein. Gegen eine Atombombe natürlich überhaupt nicht.

In dieser Situation halfen mir zwei Gegebenheiten: einmal, ganz pragmatisch, mein Hund, der mit in diesem Raum war, keine Gasmaske trug (man konnte damals tatsächlich Gasmasken für Tiere kaufen!) und auf dem Boden lag, ruhig atmete und schlief. Ich dachte: Solange er so ruhig daliegt, können eigentlich weder Gas noch Atomstrahlen im Raum sein.

SELTEN IN MEINEM LEBEN HABE ICH SOLCH EINE TODESANGST GEHABT WIE IN DIESEN ERSTEN STUNDEN DES GOLFKRIEGES.

Und Psalm 23, den ich ohne Unterlass betete, spendete mir viel Trost, besonders Vers 4: *Und ob ich schon wanderte im finstern Tal, fürchte ich kein Unglück; denn du bist bei mir, dein Stecken und Stab trösten mich.* Ich wusste: Was immer jetzt geschehen würde, ich war in Gottes Hand, ich musste keine Angst haben, auch nicht um mein Leben, denn Gott war bei mir, im Leben wie im Sterben und im Tod.

Wie ging es aus? Nach ca. drei Stunden mit der Gasmaske vor dem Gesicht, die mir schon nach einer halben Stunde erhebliche Kopfschmerzen bereitete, rief uns ein befreundetes Gemeindeglied an und fragte, wie es uns gehe. Da ich durch die Gasmaske hindurchsprach, verstand er nicht, was ich sagte, und meinte: „Hast du etwa noch die Gasmaske auf?" Ich meinte: „Ja, natürlich, es gab ja noch keine Entwarnung." Er, der fließend Hebräisch sprach, daraufhin: „Doch, schon längst, es wurde doch schon vor mehr als zweieinhalb Stunden durchgesagt!"

So schlimm war es Gott sei Dank nur in der ersten Nacht, in den folgenden Nächten kamen alle Ansagen auch auf Englisch. Und natürlich war keine Atombombe gefallen. Das hebräische Wort für den zu versiegelnden Raum hatte Ähnlichkeit mit dem deutschen Wort „Atom" („setär atum"). Der Mitarbeiter, wenig mit der hebräischen Sprache vertraut, hatte jedoch gemeint, damit sei eine Atombombe gemeint, die abgeworfen worden sei. Nie zuvor hatte ich solche Angst gehabt. Doch die Worte des 23. Psalms machten mich ruhiger. Schließlich nahm alles ein gutes Ende: Es war keine Atombombe gefallen und wir konnten alle wohlbehalten den Raum verlassen.

Diese Zusage Gottes, dass er mich und meine Gefühle ganz persönlich ernst nimmt, hat mich seit meiner Kindheit getröstet, wenn es mir schlecht ging, und tut es bis heute. Und sie hat mein Gottesbild geprägt. Auch meine Eltern haben mir diesen Wesenszug Gottes immer wieder durch ihr eigenes Leben und Handeln widergespiegelt: Mein Vater war mir zeit seines Lebens ein innerer wie äußerer Halt, an den ich mich anlehnen konnte, wenn es mir schlecht ging. Und meine Mutter hat mir stets Trost gespendet, wenn dies nötig war, hat mit mir gelitten, wenn es mir schlecht ging, und mich immer wieder an Gott, unseren Hirten, verwiesen.

Weil Gott uns nie aufgibt, das sagt mir dieser Vers deutlich, müssen auch wir nie endgültig aufgeben. So tief wir auch fallen mögen, Gott fängt uns auf. Margot Käßmann hat dies sehr eindrücklich immer wieder betont: „Ich kann nicht tiefer fallen als in Gottes Hand."

Diese Zeilen des Psalms sind für mich etwas ganz Besonderes; nicht nur, weil sie Gottes Beistand in dunklen Zeiten zusichern; nicht nur, weil immerwährender Trost aus ihnen spricht; nicht nur, weil uns damit letztlich allen versprochen ist, dass wir Gesalbte, also von Gott auserwählte Menschen, sind, deren Hunger und Durst immer gestillt werden wird; nicht nur wegen all dieser großen Verheißungen stechen diese Zeilen heraus, sondern auch, weil sich die Anrede im Psalm hier plötzlich ändert. Aus dem fernen „Er" des Herrschers, dem wir ehrfurchtsvoll gegenüberstehen, wird nun das

> **WEIL GOTT UNS NIE AUFGIBT, DAS SAGT MIR DIESER VERS DEUTLICH, MÜSSEN AUCH WIR NIE ENDGÜLTIG AUFGEBEN. SO TIEF WIR AUCH FALLEN MÖGEN, GOTT FÄNGT UNS AUF.**

nahe, vertraute „Du", mit dem wir Gott anreden dürfen. Jesus hat uns gezeigt, wie wir beten dürfen: „Abba, lieber Vater." „<u>Dein</u> Reich komme, <u>dein</u> Wille geschehe …"

ICH DARF MICH GANZ VERTRAUENSVOLL AN GOTT WENDEN IN DEN NÖTEN MEINES LEBENS, WIE EIN KLEINES KIND AN SEINEN VATER.

Ja, ich darf mich ganz vertrauensvoll an Gott wenden in den Nöten meines Lebens, wie ein kleines Kind an seinen Vater. Schon allein diese Tatsache spendet Trost in den Tälern der Not und Verzweiflung. Und ich darf gewiss sein, dass er mich an seiner Hand auch wieder von dort herausführen wird.

FÜHRE MICH, O HERR, UND LEITE

5. Führe mich, o Herr, und leite
meinen Gang nach deinem Wort;
sei und bleibe du auch heute
mein Beschützer und mein Hort.
Nirgends als von dir allein
kann ich recht bewahret sein.

6. Meinen Leib und meine Seele
samt den Sinnen und Verstand,
großer Gott, ich dir befehle
unter deine starke Hand.
Herr, mein Schild, mein Ehr und Ruhm,
nimm mich auf, dein Eigentum.

7. Deinen Engel zu mir sende,
der des bösen Feindes Macht,
List und Anschlag von mir wende
und mich halt in guter Acht,
der auch endlich mich zur Ruh
trage nach dem Himmel zu.

Heinrich Albert

GEBET

Gott, der du mir Vater und Mutter bist, ich danke dir für alle Bewahrung, die du mir in meinem Leben bisher geschenkt hast. Ich habe gemerkt: Du liebst mich so, wie eine Mutter ihre Kinder liebt. Du behütest mich, du nimmst mich in deine Arme, gerade dann, wenn ich meine, in einem finsteren Tal zu sein. Deshalb bin ich dankbar, dass ich immer weiß: Du bist bei mir, was immer mir geschehen mag. Und ich habe gespürt: Du liebst mich so, wie ein Vater seine Kinder liebt. Du beschützt mich, was immer an Gefahr, an Dunkelheiten und Finsternissen auf mich zukommen mag. Dafür danke ich dir.

Gott, ich danke dir, dass mein Leben dadurch so leicht geworden ist. Ich danke dir, dass ich auch in schlechten Zeiten nicht verzweifeln muss.

Ich bitte dich: Sei du auch in den weiteren Stunden, Tagen, Monaten und hoffentlich Jahren meines Lebens bei mir. Lass mich immer spüren, dass du mich liebst, wie Eltern ihre Kinder lieben. Dass du bei mir bist, heute, morgen und alle Tage meines Lebens.

Amen.

DU BEREITEST VOR MIR EINEN TISCH IM ANGESICHT MEINER FEINDE. DU SALBEST MEIN HAUPT MIT ÖL UND SCHENKEST MIR VOLL EIN

Der Beter lässt uns teilhaben an seiner Erfahrung, dass Gott Leben in Fülle schenkt. Diese Fülle schenkt Gott aber nicht nur dem Psalmisten, nicht nur – wie damals in Israel – dem gesalbten König, sondern auch uns hier und heute.

Nun möchten wir es sicher nicht gerne haben, dass uns unsere Feinde beim Speisen zusehen. Der Genuss eines festlichen Mahles würde dadurch wohl eher geschmälert.

Und die Vorstellung – die es im Umfeld Israels damals gab –, dass bei einem Siegesmahl am Rande des Speisesaales die abgeschlagenen Häupter der besiegten Feinde aufgespießt ausgestellt wurden, dürfte uns jeglichen Appetit verderben.

Aber wir dürfen das natürlich nicht so wörtlich nehmen. Ich täte mich sowieso schwer, wenn ich sagen sollte, wer meine persönlichen Feinde sind. Doch Feinde des Christentums gibt es heutzutage überall. Nicht nur in Nigeria, wo Christen teilweise offen bekämpft werden, sondern auch hier bei uns. Denn viele Menschen können gar nicht mehr verstehen, dass wir an Gott den Vater und an seinen Sohn Jesus Christus glauben. Sie machen darum auch Anstrengungen, Sachverhalte in unserer Gesellschaft zu verändern, die uns als Christen von unserer Religion her wichtig sind. Ich denke an unsere Feiertage, ich denke an die Heiligung der Sonntagsruhe, ich denke an den Religionsunterricht, ich denke aber auch an unsere ethischen Haltungen zum Schutz des Lebens ganz am Anfang und ganz am Ende. Und welche

NUN MÖCHTEN WIR ES SICHER NICHT GERNE HABEN, DASS UNS UNSERE FEINDE BEIM SPEISEN ZUSEHEN. DAS SCHÖNE GEFÜHL EINES FESTLICHEN MAHLES WÜRDE DAS WOHL EHER SCHMÄLERN.

Beschimpfungen habe ich über mich ergehen lassen müssen bei meinen Äußerungen zum Thema „Beschneidung", die von meiner Grundüberzeugung herrühren, dass uns Christen mit den Juden der gemeinsame Glaube an Gott, den wir als Vater Jesu Christi bekennen, verbindet.

Da ist es gut zu wissen, dass Gott zu uns hält, dass er verspricht, auch dann mit seinen Wohltaten („dem gedeckten Tisch") bei uns zu sein, wenn wir uns solchen Frontstellungen gegenübersehen.

Und auch die Salbung ist als eine solche Wohltat zu verstehen. Sie gilt jedem und jeder Einzelnen von uns. In Gottes Augen sind wir wie Könige. Ich bin ein Gesalbter. Ich, ich ganz allein, bin enorm wertvoll, weil Gott mich behütet und weil Gott mir voll einschenkt und mich segnet. Das bestimmt meinen Wert.

Doch oft vergessen wir diese Wertstellung – unsere eigene Wertstellung und die anderer. Wie können wir andere als wertlos ansehen, wenn Gott sie doch nicht so erachtet? Wie kann ich minderwertig sein, wenn Gott mich für wertvoll hält? Minderwertigkeitsgefühle haben keinen Platz mehr im Angesicht Gottes. Seine Wertschätzung dürfen wir für uns in Anspruch nehmen und auch an andere weitergeben. Zeichen einer solchen Wertschätzung sind beispielsweise Dank und gegenseitiger Respekt.

Gott salbt – am Beispiel des kleinen Hirtenjungen David

wurde das ganz deutlich – diejenigen zu Königen, die in der Welt oft nicht das Ansehen haben, das ihnen eigentlich zustehen würde. Wir alle, egal in welcher Position wir sind, genießen dieses Ansehen, diese Anerkennung bei Gott und sind von ihm geliebt und wertgeschätzt.

Wie hat mir das schon geholfen, wenn ich angesichts der Anwürfe von Gegnern des Christentums mutlos zu werden drohte oder sogar Angst bekam! Angst davor, dass der christliche Glaube keine Ausstrahlungskraft mehr hat, Angst, dass unsere Kirche in ihren Wirkungsmöglichkeiten eingeschränkt werden könnte. Vers 5 hat mir immer wieder deutlich gemacht: Gott schätzt uns unendlich wert. Das ist wichtiger als alle menschliche Kritik und alle menschliche Minderschätzung. Gott sei Dank ehrt Gott mich so, wie man einen König ehrt. Das tut gut.

WIE KANN ICH MINDERWERTIG SEIN, WENN GOTT MICH FÜR WERTVOLL HÄLT? MINDERWERTIGKEITSGEFÜHLE HABEN KEINEN PLATZ MEHR IM ANGESICHT GOTTES. SEINE WERTSCHÄTZUNG DÜRFEN WIR FÜR UNS IN ANSPRUCH NEHMEN UND AUCH AN ANDERE WEITERGEBEN.

ZUM TISCH DES HERREN LASST UNS GEHEN

4. Zum Tisch des Herrn sind wir geladen
zu jeder Zeit, an jedem Ort.
Dort stärkt und speist er uns in Gnaden
mit seiner Liebe, seinem Wort.

Helmut Duffe

GEBET

Lieber Gott, danke, dass ich an deinen
Tisch geladen bin. Danke,
dass du zu mir stehst, gleich,
was ich getan oder auch ausgefressen habe.
Danke, dass ich wissen darf: Auch Feinde
können mir nichts anhaben, wenn du mich
liebst. Ich spüre es immer wieder:
Du sorgst für mich, du deckst mir den Tisch
mit allem, was ich zum Leben brauche.
Es geht mir gut dank deiner Liebe und Fürsorge.
Ich bitte dich: Lass mich etwas abgeben
an andere von dem, was du mir schenkst.
Lass mich nicht für mich allein
die Fülle genießen, die du mir schenkst,
sondern lass mich teilen mit dem, der weniger
hat, dass auch er oder sie etwas spüren von
deiner Liebe und Fürsorge.
Amen.

GUTES UND BARMHERZIGKEIT WERDEN MIR FOLGEN MEIN LEBEN LANG, UND ICH WERDE BLEIBEN IM HAUSE DES HERRN IMMERDAR

Plötzlich ist nicht mehr die Rede davon, dass den Beter die Feinde verfolgen oder bedrängen, sondern Güte und Barmherzigkeit „verfolgen" ihn. Der Beter spürt, wir spüren: Gottes Liebe, die sich in seiner Güte und Barmherzigkeit ausdrückt, wird uns nicht verlassen; nicht, wenn es uns gut geht, und nicht, wenn wir uns in einer Lebenskrise befinden.

Die kleine Erzählung „Spuren im Sand" ist sehr bekannt. Ich finde sie sehr schön und eindrucksvoll, da sie genau diese Aussage verdeutlicht:

Eines Nachts hatte ich einen Traum: Ich ging am Meer entlang mit meinem Herrn. Vor dem dunklen Nachthimmel erstrahlten, Streiflichtern gleich, Bilder aus meinem Leben. Und jedes Mal sah ich zwei Fußspuren im Sand, meine eigene und die meines Herrn. Als das letzte Bild an meinen Augen vorübergezogen war, blickte ich zurück. Ich erschrak, als ich entdeckte, dass an vielen Stellen meines Lebensweges nur eine Spur zu sehen war. Und das waren gerade die schwersten Zeiten meines Lebens. Besorgt fragte ich den Herrn: „Herr, als ich anfing, dir nachzufolgen, da hast du mir versprochen, auf allen Wegen bei mir zu sein. Aber jetzt entdecke ich, dass in den schwersten Zeiten meines Lebens nur eine Spur im Sand zu sehen ist. Warum hast du mich allein gelassen, als ich dich am meisten brauchte?" Da antwortete er: „Mein liebes Kind, ich liebe dich und werde dich nie allein lassen, erst recht nicht in Nöten und Schwierigkeiten. Dort, wo du nur eine Spur gesehen hast, da habe ich dich getragen."[6]

Gottes Liebe lässt uns nie allein, sie ist bei uns unser ganzes Leben lang.

Und nun spielt auch der Tempel eine andere Rolle als zuvor. Hatte er dem Beter gerade noch Asyl vor seinen Feinden geboten, so hat sich das Blatt nun gewendet. Der Beter spürt gerade im Hause Gottes besonders deutlich, dass Gott, dass seine Liebe, ihm nahe ist. Natürlich dürfen wir überall zu Gott beten, und natürlich gibt es viele Orte, an denen ich gespürt habe, dass Gott mir nahe ist. Gott sei Dank ist dies nicht auf den Kirchenraum beschränkt. Ich kann überall zu Gott beten, und wir sollten auch unsere Hemmungen überwinden, dies zu tun. Es sollte in einer Gaststätte nichts Besonderes sein, wenn Christen dort zu Beginn des Essens ein Tischgebet sprechen. Gleichzeitig bin ich doch dankbar, dass wir wunderschöne Kirchen haben, in denen es mir leichter fällt, ruhig zu werden, mich ganz auf Gott zu konzentrieren und in das betende Gespräch mit ihm einzutreten. Ich möchte darauf nicht verzichten müssen und bin froh und dankbar, dass wir in unserem Land Religionsfreiheit haben und deshalb auch so viele schöne Kirchen besitzen, in denen es möglich ist, Gott zu begegnen.

> ICH KANN ÜBERALL ZU GOTT BETEN, UND WIR SOLLTEN AUCH UNSERE HEMMUNGEN ÜBERWINDEN, DIES ZU TUN.

TUT MIR AUF
DIE SCHÖNE PFORTE

1. Tut mir auf die schöne Pforte,
   führt in Gottes Haus mich ein;
   ach wie wird an diesem Orte
   meine Seele fröhlich sein!
   Hier ist Gottes Angesicht,
   hier ist lauter Trost und Licht.

2. Ich bin, Herr, zu dir gekommen,
   komme du nun auch zu mir.
   Wo du Wohnung hast genommen,
   da ist lauter Himmel hier.
   Zieh in meinem Herzen ein,
   lass es deinen Tempel sein.

3. Lass in Furcht mich vor dich treten,
   heilige du Leib und Geist,
   dass mein Singen und mein Beten
   ein gefällig Opfer heißt.
   Heilige du Mund und Ohr,
   zieh das Herze ganz empor.

5. Stärk in mir den schwachen Glauben,
   lass dein teures Kleinod mir
   nimmer aus dem Herzen rauben,
   halte mir dein Wort stets für,
   dass es mir zum Leitstern dient
   und zum Trost im Herzen grünt.

6. Rede, Herr, so will ich hören,
   und dein Wille werd erfüllt;
   nichts lass meine Andacht stören,
   wenn der Brunn des Lebens quillt;
   speise mich mit Himmelsbrot,
   tröste mich in aller Not.

Benjamin Schmolck

GEBET

Lieber Vater im Himmel, ich danke dir, dass wir in unserem Land so viele Häuser haben, die deinem Dienst gewidmet sind: Kirchen und Kapellen, Orte der Besinnung und des Gebetes. Ich danke dir, dass wir in diesen Häusern, in unseren Gemeinden, ganz besonders eindrücklich spüren, dass du uns nahe bist, dass du uns dein Heil und deine Güte hast spüren lassen, sodass wir beten können: Gutes und Barmherzigkeit werden mir folgen mein Leben lang. Ich danke dir für alle Bewahrung in meinem Leben. Ich danke dir, dass ich auch nach Schicksalsschlägen irgendwann wieder gespürt habe: Du meinst es gut mit mir. Ohne dich könnte ich nicht leben.

Ich danke dir, dass ich wissen darf: Ich brauche keinen Kirchenraum, um dir nahe sein zu dürfen. Wo immer ich bin: Wenn ich zu dir bete, dann spüre ich: Du bist mir nahe, du liebst mich und du möchtest, dass ich deine Liebe spüre, erfahre und weitergebe.

Hilf mir, dass ich so lebe, dass die Menschen es mir abspüren, dass ich aus deiner Liebe lebe. Behüte mich heute und morgen in deiner Liebe und Güte.

Amen.

PSALM 23 FÜR „UNRUHIGE GEISTER"

Der Herr gibt mir für meine Arbeit das Tempo an,
ich brauche nicht zu hetzen. Er gibt mir immer
wieder einen Augenblick der Stille, eine Atem-
pause, in der ich zu mir komme. Er stellt mir Bilder vor die Seele, die mich sammeln
und mir Gelassenheit geben.
Oft lässt er mir mühelos etwas gelingen, und es
überrascht mich selbst, wie zuversichtlich ich
sein kann. Ich merke: Wenn man sich diesem
Herrn anvertraut, bleibt das Herz ruhig. Obwohl
ich viel zu viel Arbeit habe, brauche ich doch den
Frieden nicht zu verlieren. Er ist in jeder Stunde
da und in allen Dingen, und so verliert alles
andere sein bedrohliches Gesicht.
Oft, mitten im Gedränge, gibt er mir ein Erlebnis,
das mir Mut macht. Das ist, als ob mir einer eine
Erfrischung reichte, und dann ist der Friede
da und eine tiefe Geborgenheit. Ich spüre, wie
meine Kraft dabei wächst, wie ich ausgeglichen
werde und mir mein Tagewerk gelingt. Darüber
hinaus ist es einfach schön, zu wissen, dass ich
meinem Herrn auf der Spur und dass ich, jetzt
und immer, bei ihm zu Hause bin.
Amen.

Toki Miyaschina[7]

EIN PSALM DAVIDS. DER HERR IST MEIN HIRTE,
MIR WIRD NICHTS MANGELN. ER WEIDET MICH
AUF EINER GRÜNEN AUE UND FÜHRET MICH
ZUM FRISCHEN WASSER. ER ERQUICKET MEINE
SEELE. ER FÜHRET MICH AUF RECHTER STRASSE
UM SEINES NAMENS WILLEN. UND OB ICH SCHON
WANDERTE IM FINSTERN TAL, FÜRCHTE ICH
KEIN UNGLÜCK; DENN DU BIST BEI MIR, DEIN
STECKEN UND STAB TRÖSTEN MICH. DU BE-
REITEST VOR MIR EINEN TISCH IM ANGESICHT
MEINER FEINDE. DU SALBEST MEIN HAUPT MIT
ÖL UND SCHENKEST MIR VOLL EIN. GUTES UND
BARMHERZIGKEIT WERDEN MIR FOLGEN MEIN
LEBEN LANG, UND ICH WERDE BLEIBEN IM
HAUSE DES HERRN IMMERDAR.

VON SCHAFEN UND IHREN HIRTEN

Psalm 23

Es ist wunderbar, dass die Schafe und der Hirte auch im Neuen Testament eine große Rolle spielen. Am wichtigsten sind wohl die Selbstbezeichnung Jesu als der gute Hirte in Johannes 10 und das Gleichnis vom verlorenen Schaf, bei dem man auch sofort an Jesus als den guten Hirten denkt:

Es nahten sich ihm aber allerlei Zöllner und Sünder, um ihn zu hören. Und die Pharisäer und Schriftgelehrten murrten und sprachen: Dieser nimmt die Sünder an und isst mit ihnen. Er sagte aber zu ihnen dies Gleichnis und sprach: Welcher Mensch ist unter euch, der hundert Schafe hat und, wenn er eins von ihnen verliert, nicht die neunundneunzig in der Wüste lässt und geht dem verlorenen nach, bis er's findet? Und wenn er's gefunden hat, so legt er sich's auf die Schultern voller Freude. Und wenn er heimkommt, ruft er seine Freunde und Nachbarn und spricht zu ihnen: Freut euch mit mir; denn ich habe mein Schaf gefunden, das verloren war. Ich sage euch: So wird auch Freude im Himmel sein über einen Sünder, der Buße tut, mehr als über neunundneunzig Gerechte, die der Buße nicht bedürfen (Lukas 15,1-7).

Ich glaube, dass wir bei all unserem Denken und Meditieren über Psalm 23 immer schon die Selbstbezeichnung Jesu als den Guten Hirten mit im Hinterkopf haben. So vermischen sich dann auch schnell die Bilder. Ich habe auf meinem Bücherregal eine Holzfigur aus Bethlehem stehen, die den typischen Hirten darstellt, der das Schaf über seine Schulter gelegt hat und es an den Beinen festhält. Dieses Bild gehört ursprünglich sicherlich zu dem Gleichnis vom verlorenen Schaf aus Lukas 15: Das verirrte Schaf ist vom Hirten gefunden worden und wird nun wieder nach Hause zurückgebracht.

Was für ein hoffnungsvolles Gleichnis: Jesus sucht uns und kümmert sich um uns, auch wenn wir uns ganz allein, wie ein einsames, kleines Schaf fühlen: Ihm sind wir nicht egal. Da ich Theologe und christlich sozialisiert bin, ist dies für mich ein ganz deutliches Bild des Vertrauens und der Geborgenheit bei Jesus. Auch die Rede vom guten Hirten in Johannes 10 drückt dies aus. Als Jesu Schafe hören wir seine Stimme, er lässt sein Leben für uns, er schenkt uns „volle Genüge":

JESUS SUCHT UNS UND KÜMMERT SICH UM UNS, AUCH WENN WIR UNS GANZ ALLEIN, WIE EIN EINSAMES, KLEINES SCHAF FÜHLEN: IHM SIND WIR NICHT EGAL.

Wahrlich, wahrlich, ich sage euch: Wer nicht zur Tür hineingeht in den Schafstall, sondern steigt anderswo hinein, der ist ein Dieb und ein Räuber. Der aber zur Tür hineingeht, der ist der Hirte der Schafe. Dem macht der Türhüter auf, und die Schafe hören seine Stimme; und er ruft seine Schafe mit Namen und führt sie hinaus. Und wenn er alle seine Schafe hinausgelassen hat, geht er vor ihnen her, und die Schafe folgen ihm nach; denn sie kennen seine Stimme. Einem Fremden aber folgen sie nicht nach, sondern fliehen vor ihm; denn sie kennen die Stimme der Fremden nicht. Dies Gleichnis sagte Jesus zu ihnen; sie verstanden aber nicht, was er ihnen damit sagte. Da sprach Jesus wieder: Wahrlich, wahrlich, ich sage euch: Ich bin die Tür zu den Schafen. Alle, die vor mir gekommen sind, die sind Diebe und Räuber; aber die Schafe haben ihnen nicht gehorcht. Ich bin die Tür; wenn jemand durch mich hineingeht, wird er selig werden und wird ein- und ausgehen und Weide finden. Ein Dieb kommt nur, um zu stehlen, zu schlachten und umzubringen. Ich bin gekommen, damit sie das Leben und volle Genüge haben sollen. Ich bin der gute Hirte. Der gute Hirte lässt sein Leben für die

Schafe. Der Mietling aber, der nicht Hirte ist,
dem die Schafe nicht gehören, sieht den Wolf
kommen und verlässt die Schafe und flieht – und
der Wolf stürzt sich auf die Schafe und zerstreut
sie –, denn er ist ein Mietling und kümmert sich
nicht um die Schafe.
Ich bin der gute Hirte und kenne die Meinen und
die Meinen kennen mich, wie mich mein Vater
kennt und ich kenne den Vater. Und ich lasse mein
Leben für die Schafe. Und ich habe noch andere
Schafe, die sind nicht aus diesem Stall; auch sie
muss ich herführen, und sie werden meine Stimme
hören, und es wird eine Herde und ein Hirte
werden (Johannes 10,1-16).

Wie mag es jemandem gehen, der von alldem keine
Ahnung hat, in die Kirche kommt und diese Rede vom
guten Hirten oder Psalm 23 oder das Gleichnis zum
ersten Mal hört? Selbst mir hat, als ich Student war,
eine Zeit lang das Bild vom Hirten und den Schafen
nicht eingeleuchtet. Für mich waren Schafe – wie für
den 17-jährigen Chris, von dem ich zu Anfang berichtet
habe – blökendes, trottendes Viehzeug. Ich sollte solch
ein Schaf sein? Gott als beschützender Hirte, wie es in
Psalm 23 ausgedrückt wird: Ja, das war für mich als Kind

tröstlich, wie ich beschrieb. Das Bild von dem Hirten und der Schafherde als Gleichnis für Christus und die Kirche fand ich eher befremdlich.

Mancher Witz ist darüber gemacht worden. So erzählte man sich von jenem Hirten, der eines Sonntags mit seiner Herde in der Nähe einer Kirche weilte und sich entschloss, den Gottesdienst zu besuchen. Es war der Hirtensonntag. Als er bei der Kirche ankam, stand das Portal offen. Gerade verlas der Pfarrer das Sonntagsevangelium und sagte dann: „Liebe Gemeinde, ein guter Hirte verlässt seine Herde nicht." Da blickte der Hirte zu seinem Hund und sagte: „Komm, Bello, wir gehen. Der Pfarrer stänkert!"

Über so was konnte man damals lachen. Denn das ganze Bild schien verquer. Heute weiß ich und akzeptiere: Das Bild vom guten Hirten und seiner Herde spricht eine Urempfindung des Menschen nach Schutz und Geborgenheit an: dass da einer ist, der die Herde zusammenhält, der den Einzelnen davor bewahrt, sich zu verirren, und der Schutz vor dem Wolf und anderen Gefahren bietet.

Doch das Bild vom guten Hirten und der Herde ist in unserer christlichen Gedankenwelt eben nicht nur ein Gleichnis für Gott, der uns behütet, sondern auch für Christus und die Kirche. Wenn die Schafe gleichnishaft für die Kirche stehen, dann geht es allerdings gerade nicht um blökendes, trottendes Vieh. Leider gelten Schafe bei uns eher als dumm. Ihr Orientierungssinn ist tatsächlich nicht sehr ausgeprägt. Zugvögel, Brieftauben, Wildgänse oder Lachse finden ihren Weg über weite Strecken. Das Durchschnittsschaf verirrt sich ständig. Aber ansonsten trifft ihr schlechtes Image nicht zu: Schafe sind vielmehr etwas ganz Wertvolles. Sie geben Milch, Käse, Wolle und Fleisch. Außerdem sind sie, diese Bedeutung wird in neuester Zeit erst wieder richtig erkannt, die besten Rasenmäher und Landschaftsgärtner. Ich war vor einiger Zeit sehr froh, als mein Nachbar in Wernfels mir zugesagt hat, dass seine Schafe jetzt wieder auf unser großes Wiesengrundstück kommen können. Da unser Tor kaputt gewesen war, ging dies ein halbes Jahr lang nicht, weil sie dann hätten ausbüchsen können. Aber für unsere Wiese ist es nur gut, wenn die Schafe drauf sind – und für den Nachbarn ist es kostenlose Weidefläche.

Wenn Christus also die Kirche mit Schafen vergleicht,

> DAS BILD VOM GUTEN HIRTEN UND DER HERDE IST IN UNSERER CHRISTLICHEN GEDANKENWELT EBEN NICHT NUR EIN GLEICHNIS FÜR GOTT, DER UNS BEHÜTET, SONDERN AUCH FÜR CHRISTUS UND DIE KIRCHE.

will er zeigen, wie wertvoll ihm seine Kirche ist und wie wertvoll ich ihm als Christin, als Christ bin. Das haben die Menschen in biblischer Zeit ganz sicher verstanden. Zur Herde gehört der gute Hirte, der Pastor, so die lateinische Übersetzung – ein anderes Wort für Pfarrer.

DIE PASTOREN, DIE HIRTEN, DIE PFARRER SOLLEN UND WOLLEN SO GUTE HIRTEN SEIN, WIE DER GUTE HIRTE CHRISTUS HIRTE SEINER KIRCHE IST.

Ein guter Hirte zeichnet sich dadurch aus, dass er Verantwortung für seine Herde übernimmt und für sie da ist. Er schützt sie und sorgt dafür, dass es die Herde gut hat. Ihm ist an seiner Herde gelegen. Er setzt sich für sie ein, wenn nötig mit seinem Leben. Das hat Christus getan.

Als guter Hirte grenzt sich Jesus ab gegen – wie Luther übersetzt – Mietlinge, also gemietete Hirten, die für einen Sommer oder für eine Saison einen Hirtenjob übernahmen. Ihnen ging es nicht um die Herde, sondern darum, ihre „Schäfchen" ins Trockene zu bringen. So soll es in der Kirche nicht sein. Die Pastoren, die Hirten, die Pfarrer sollen und wollen so gute Hirten sein, wie der Gute Hirte Christus Hirte seiner Kirche ist. Deshalb war mir, als ich während des Golfkrieges in Jerusalem blieb, obwohl die meisten Deutschen das

Land verließen, klar: Der Hirte, der Pastor, muss bei seiner Herde bleiben, solange zumindest ein Teil der Herde noch dort ist.

„Ich bin der gute Hirte", sagt Christus. „Und die Meinen, meine Herde, meine Gemeinde, kennen mich. Sie erkennen mich an meiner Stimme. Sie erkennen mich an meinem Wort." Wie Schafe den Hirten an seiner Stimme erkennen und darauf vertrauen, so erkennt die Kirche Christus an seinem Wort und verlässt sich darauf. Deshalb hat die Reformation Martin Luthers ja auch darauf bestanden, dass in der Kirche das Wort allein gelten soll. Ihm kommt die entscheidende Autorität zu. Das Wort, das gelten soll, ist das Evangelium, das die Kirche ins Leben gerufen hat.

Bemerkenswert ist, dass es hier letztlich immer um die Herde geht, nicht um das einzelne Schäfchen ohne die Herde. Wir als Gemeinde sind die Herde. Selbstverständlich bin ich das persönliche Schäfchen

DAS ENTSCHEIDENDE IST, DASS DIE HERDE EINE SOZIALE GEMEINSCHAFT IST. DIE KIRCHE, DIE GEMEINDE, IST NICHT DIE ANSAMMLUNG VON EINZELNEN CHRISTINNEN UND CHRISTEN, SONDERN ES IST EINE GEMEINSCHAFT, DIE IN DIE GESELLSCHAFT HINEIN WIRKT.

Jesu Christi, der sich um mich ganz persönlich kümmert, aber eben, weil und insofern ich zur Herde, also zur Kirche, gehöre. Vereinzelte Schafe müssen zur Herde zurückgeführt werden. Sonst laufen sie Gefahr, sich zu verirren oder in die Fänge des Wolfs zu geraten. Das Entscheidende ist, dass die Herde eine soziale Gemeinschaft ist. Die Kirche, die Gemeinde, ist nicht die Ansammlung von einzelnen Christinnen und Christen, sondern es ist eine Gemeinschaft, die in die Gesellschaft hineinwirkt.

SCHAF

HERDE

HIRTE KIRCHE

JESUS WOLF

GEMEINSCHAFT

CHRIST

GESELLSCHAFT

Wie gut, dass wir die Stimme unseres Hirten kennen und dass wir in einer Herde zusammenkommen dürfen und so den Schutz genießen, den unsere Mitchristen bieten, den aber vor allem der Hirte schenkt – und zwar in diesem Leben und weit darüber hinaus. Wir dürfen auch für die Ewigkeit auf unseren guten Hirten Jesus Christus vertrauen. Dafür können wir dankbar sein. Und wir sollen dies anderen weitersagen, die diese Stimme noch nicht hören, und sie mitnehmen und mitbringen.

Kommen wir noch einmal zurück zum Gleichnis vom verlorenen Schaf aus Lukas 15. Es ist vielen von uns von Kindheit an vertraut und hat sich als Bild tief in unser Herz gegraben. Den Zuhörern Jesu leuchtete es unmittelbar ein. Du hast eine Herde von hundert Schafen, eines geht dir verloren. Was tust du? Auf diese Frage hätte jeder Schafbesitzer damals sofort gesagt: Na, ich suche es. Was denn sonst? Und wenn er noch so müde ist – er wird die anderen Tiere gut bewacht in der Wüste zurücklassen und sich auf die Suche nach dem verlorenen machen. In diesem Augenblick ist dieses Schaf für ihn das allerwichtigste. Nicht weil es so schön ist, sondern einfach, weil es in Gefahr ist. Kein Wunder, dass der Hirte glücklich ist, als er das Schaf wiederfindet. Absolut nichts an diesem Beispiel ist ungewöhnlich. Ja, genau so muss es sein. Dass dem Verlorenen nachgegangen wird, dass das Zurückgebliebene nicht sich selbst überlassen bleibt, sondern dass gerade ihm besondere Aufmerksamkeit zukommt. Auch wenn 99 Prozent das Ziel erreichen, auch wenn 99 Prozent voranstreben, solange auch nur eine oder einer auf der Strecke bleibt, muss das beunruhigen.

In einer Predigt hat Martin Luther das Gleichnis vom sorgenden Hirten mit einem anderen Bild ausgedeutet: Eine Mutter hat alle ihre Kinder gleich lieb. Aber in dem Moment, in dem eines dieser Kinder ernsthaft krank wird, konzentriert sich all ihre Liebe auf dieses eine kranke Kind, sodass es ihr das wichtigste und liebste erscheint. In dem Moment, in dem eines bedroht ist, sucht sie alles Erdenkliche zu tun, um dieses Kind am Leben zu erhalten. Und wie groß wird das Fest, wenn das Kind sich wieder erholt! Das Bild des Hirten – in Jesu Erzählung erhält es eine noch viel tiefere Bedeutung. Denn es spricht von Gott,

> DAS BILD DES HIRTEN SPRICHT VON GOTT, DER SO GANZ ANDERS HANDELT, ALS WIR ES ERWARTEN WÜRDEN, UND DER DABEI UNSERE VORSTELLUNGEN VON GERECHTIGKEIT AUF DEN KOPF STELLT.

der so ganz anders handelt, als wir es erwarten würden, und der dabei unsere Vorstellungen von Gerechtigkeit

auf den Kopf stellt. Denn auch wenn das Gleichnis eine
Alltagserfahrung beschreibt, so wird es doch ungewöhnlich durch die Situation, in der Jesus es erzählt: Er, der
große und berühmte Lehrer, isst mit Zöllnern und Sündern – wir sind uns vielleicht gar nicht bewusst, wie groß
dieser Skandal war. Nicht mit den Frommen, die sich
redlich bemühen, die Thora richtig auszulegen und Gott
nahe zu sein, setzte sich Jesus an einen Tisch, sondern
mit den anderen: den Prostituierten und Kleinkriminel-
len und mit den verhassten Zöllnern. War das gerecht?
Man kann sich das Murren der Pharisäer vielleicht ein
bisschen so vorstellen wie die Verärgerung eines treuen
Kirchgängers, der zuverlässig den Gemeindebrief austrägt und eines Tages erfährt, dass der Pfarrer seinen
Nachbarn besucht hat. Ausgerechnet den, der seit Jahren nicht mehr im Gottesdienst war und den Gemeindebrief ablehnt. Er selbst wartet jedoch bisher vergeblich
auf ein persönliches Treffen. Ist das fair?
Das Unverständnis der Pharisäer und Schriftgelehrten
geht sogar noch tiefer. Sie sehen in der Grenzüberschrei-
tung Jesu ein theologisches Problem. Darf er das überhaupt? Kann er sich mit Sündern, die noch nicht einmal
bereut haben, an einen Tisch setzen, ohne selbst unrein
zu werden? Vielleicht verstehen wir den Groll der Pharisäer besser, wenn wir genauer zu erfassen versuchen,

mit wem Jesus da isst: Zöllner waren Menschen, die Arm und Reich das Geld aus der Tasche zogen. Reiche, teils skrupellose Geschäftemacher, die sich bestechen ließen, in die eigene Tasche wirtschafteten und dafür auch mit den verhassten Besatzern, den Römern, zusammenarbeiteten. Je mehr Geld sie aus den Menschen herauspressten, umso mehr durften sie selbst behalten. Kaum einer war so verachtet wie die Zöllner. Ausgerechnet mit denen, die rücksichtslos und egoistisch nur auf ihren eigenen Profit aus waren, setzte Jesus sich zusammen. Nicht mit

NICHT DIE OPFER, SONDERN DIE TÄTER SIND DER GRUND, AUS DEM JESUS DIE GESCHICHTE VOM VERLORENEN SCHAF ERZÄHLT.

den Opfern, mit den Tätern also. Das war mehr als ärgerlich. Das war gegen das Gesetz! Doch nicht die Opfer, sondern die Täter sind der Grund, aus dem Jesus die Geschichte vom verlorenen Schaf erzählt: So selbstverständlich, wie der Hirte das verlorene Schaf sucht, so selbstverständlich wendet sich Gott besonders denen zu, die sich von ihm und von der Gemeinschaft abwenden. Sollte Gottes Herz kleiner sein als das eines Hirten? *„Die Gesunden bedürfen des Arztes nicht, sondern die Kranken"*, sagt Jesus (Lukas 5,31). Für Gott, dessen Liebe unsere Vorstellungen übersteigt, ist das selbstverständlich.

Es ist, als wolle Jesus mit diesem Gleichnis bei seinen Zuhörern und bei uns werben: Schränkt doch Gottes Barmherzigkeit nicht ein! Sie reicht für euch alle. Es ist Toleranz und ein weites Herz, das Jesus von uns verlangt. Und zwar nicht nur den Benachteiligten, sondern auch hartherzigen, intoleranten und skrupellosen Menschen gegenüber. Nicht, dass wir ihr Verhalten tolerieren – beileibe nicht. Aber dass wir sie trotzdem als Menschen respektieren, denen Gottes Liebe gilt und die sich unter seiner Liebe verändern können. Das ist bisweilen eine große Herausforderung. Doch gleichzeitig ist dieses Gleichnis so tröstlich, dass wir es auch uns immer wieder zusagen lassen können: Auch wir können in den Zeiten, in denen wir selbst uns von Gott abwenden, in denen wir hartherzig und fern von Gott und den Nächsten sind, nicht aus Gottes Liebe herausfallen. Aus der Liebe des Guten Hirten, der nicht nur auf unsere Umkehr wartet, sondern uns nachgeht, uns sucht und der nicht eher ruht, bis er uns gefunden hat.

> AUCH WIR KÖNNEN IN DEN ZEITEN, IN DENEN WIR SELBST UNS VON GOTT ABWENDEN, IN DENEN WIR HARTHERZIG UND FERN VON GOTT UND DEN NÄCHSTEN SIND, NICHT AUS GOTTES LIEBE HERAUSFALLEN.

Schon Augustinus hat seinen Lebensweg in diesem Bild wiedergefunden. So konnte er schreiben: *„Ich bin wie ein verirrtes und verlorenes Schaf, aber auf den Schultern meines Hirten, meines Erbarmers, hoffe ich, zu dir zurückgebracht zu werden."* Und ein anderes Mal: *„Irrend, wie ein verlorenes Schaf, suchte ich dich, o Herr, derweil du in mir weiltest. Ich bemühte mich, dich außer mir zu suchen, und du hast doch deinen Wohnsitz in mir."* Dort, wo Gott am weitesten entfernt schien, war er ganz nah, näher als je gedacht.

Auch wir entfernen uns in unserem Leben immer von Gott, zweifeln an ihm oder beachten ihn nicht, denken nicht an ihn, beten nicht zu ihm. Oder leben so, wie es ihm nicht gefällt. Wir alle.

Mir selbst hat dieser Psalm 23 verbunden mit den Bildern vom guten Hirten und vom verlorenen Schaf in meinem Leben schon viel Kraft und Zuversicht gegeben – in guten, aber auch in schlechten Zeiten. Es ist wichtig, Worte zu haben, die man in Freud und Leid beten kann, und es ist wichtig, Worte zu kennen, die einem einen sicheren Halt geben. Es ist ein großes Geschenk, dass wir so viele tröstende Geschichten in der Heiligen Schrift überliefert bekommen haben.

Ich denke an einen Konvent, den wir in unserem damaligen Dekanekollegium in Zypern veranstalteten. Ein

Kollege, noch weit vor der Pensionierungsgrenze, erlitt im Wasser, direkt neben mir, einen Herzinfarkt. Wir brachten ihn schnell ins Krankenhaus, aber dennoch starb er am nächsten Tag. Wir wollten von ihm Abschied nehmen. Es gab keinen anderen Ort dafür als den Krankenhauskeller: ein Gang, über uns die Abwasserrohre, kahl, Neonlicht, eine schreckliche Atmosphäre. Wir standen um den toten Kollegen herum, sangen „Jesu, meine Freude" und „Christ ist erstanden" und beteten den Psalm 23. Es war ungeheuer tröstlich, dass wir diese Möglichkeit hatten, den toten Kollegen auf diese Weise in Gottes Hand zu geben. Trotz des Neonlichtes war dies ein finsteres Tal für uns alle. Aber dennoch fürchtete ich kein Unglück, denn wir spürten: Gott ist bei uns, auch in dieser schrecklichen Situation, er ist auch bei unserem verstorbenen Kollegen und er ist bei seiner Frau.

Welch ein Schatz, dass wir den Psalm 23 haben!

INHALT

ANMERKUNGEN

[1] Martin Luther, Die Schriftauslegung,
Luther Deutsch Bd. 5, Stuttgart, Göttingen 1963, S. 191.

[2] Aus: Die dich rühmen, haben ihren Tag gewonnen.
Psalm-Nachdichtungen, herausgegeben im Auftrag
des Lutherischen Kirchenamtes der Vereinigten Evan-
gelisch-Lutherischen Kirche Deutschlands (VELKD)
© Lutherisches Kirchenamt, Hannover 2005.

[3] Luther, Die Schriftauslegung, S. 343.

[4] Hans-Joachim Kraus, Psalmen BKXV/1, Neukirchen
1972, S. 190f.

[5] © Praize Republic, Lothar Kosse, Rösrath

[6] Originalfassung des Gedichts Footprints (c) 1964
Margaret Fishback Powers
Deutsche Fassung Spuren im Sand: Eva-Maria Busch
Copyright © der deutschen Übersetzung 1996 Brunnen
Verlag, Gießen

[7] in: Franz Haidingo, In IHM sein, Ebensee 2009, S. 65

[8] Text von Johannes Hansen aus „Unendlich geborgen",
© Kawohl Verlag, 46485 Wesel

UND OB ...

Und ob
ich von schweren Gedanken bedrängt werde,
meine Schwächen schmerzlich erleide,
mir in dunklen Stunden selbst fremd bin,
mich in Konflikten des Alltags verletzte,
mir Kritiker hart meine Grenzen zeigen,
mich das Leid meiner Menschenbrüder entsetzt
und ich im Leben mein Sterben kommen spüre,
weiß ich mich dennoch von Deiner Hand gehalten.

Und ob,
ich bin unendlich geborgen,
denn Du bist immer bei mir.
Deine Nähe umgibt mich Tag und Nacht.
Du holst mich von falschen Wegen zurück.
Du nährst mich im Hunger mit Brot und Wein.
Deinen Namen hast Du mit meinem verbunden.
Du siegst für mich über finstere Gewalten.
Dein Tisch reicht durch die Wand des Todes.
Du meinst es auf ewig gut mit mir.

Ich bin unendlich geborgen,
denn Du bist immer bei mir.

Und ob.

Johannes Hansen[8]